ANDREAS HOCK

EIN SPIEL DAUERT 90 MILLIONEN

ANDREAS HOCK

EIN SPIEL DAUERT 90 MILLIONEN

WIE DER KOMMERZ UNSEREM FUSSBALL DIE SEELE RAUBT

Bibliografische Information der Deutschen Nationalbibliothek
Die Deutsche Nationalbibliothek verzeichnet diese Publikation in der Deutschen Nationalbibliografie. Detaillierte bibliografische Daten sind im Internet über http://dnb.d-nb.de abrufbar.

Für Fragen und Anregungen:
info@rivaverlag.de

Taschenbuchausgabe
1. Auflage 2018

© 2018 by riva Verlag,
ein Imprint der Münchner Verlagsgruppe GmbH,
Nymphenburger Straße 86
D-80636 München
Tel.: 089 651285-0
Fax: 089 652096

Alle Rechte, insbesondere das Recht der Vervielfältigung und Verbreitung sowie der Übersetzung, vorbehalten. Kein Teil des Werkes darf in irgendeiner Form (durch Fotokopie, Mikrofilm oder ein anderes Verfahren) ohne schriftliche Genehmigung des Verlages reproduziert oder unter Verwendung elektronischer Systeme gespeichert, verarbeitet, vervielfältigt oder verbreitet werden.

Redaktion: Sebastian Brück
Umschlaggestaltung: Isabella Dorsch, München
Umschlagabbildung: Shutterstock.com/Andrey Yurlov
Abbildungen Innenteil: Shutterstock.com/iconizer, davooda, Steinar, Catz, Le_Mon, Zaur Rahimov, zcreamz11
Satz: ZeroSoft SRL, Timisoara
Druck: GGP Media GmbH, Pößneck
Printed in Germany

ISBN Print 978-3-7423-0011-9
ISBN E-Book (PDF) 978-3-95971-372-6
ISBN E-Book (EPUB, Mobi) 978-3-95971-373-3

Weitere Informationen zum Verlag finden Sie unter

www.rivaverlag.de

Beachten Sie auch unsere weiteren Verlage unter www.m-vg.de

INHALT

Vorwort von Peter Neururer — 7

Das Vorspiel
oder: Wie bei mir alles begann — 13

Weil die Helden von Bern nicht unsterblich waren
oder: Die seltsame Verwandlung von Sportlern zu Popstars — 27

Weil Wormatia Worms das Geld ausging
oder: Das Zeitalter der Sponsoren — 53

Weil Wolfgang Vöge einen Kreuzbandriss erlitt
oder: Die verhängnisvolle Rolle der Berater — 75

Weil Günter Eichberg nicht mehr frieren wollte
oder: Der Abschied von der Stadionkultur — 91

Weil Ulli Potofski eine neue Epoche ausrief
oder: Die mediale Inszenierung einer Sportart — 111

Weil ein katholischer Professor nicht aufgeben mochte
oder: Das Ende der Loyalität — 133

Weil Dietmar Hopp keinen Trainer in der Halbzeit entlassen würde
oder: Das Aussterben der Patriarchen — 151

Die Nachspielzeit
oder: Weil in Katar kein Rasen wächst — 171

VORWORT

VON PETER NEURURER

Um vorab eins klarzustellen: Ich liebe den Fußball! Das meine ich ernst, darüber hinaus liebe ich nur noch meine Frau und meine beiden Kinder. Aber ich bin ein Fußballverrückter, der Fußball ist mein Leben. Ich gehöre zu den Menschen, die sich an sieben Tagen in der Woche von mittags bis abends Spiele im Fernsehen anschauen können, ohne dass es ihnen dabei langweilig wird. Ich gehe gern in die Stadien und beobachte mit Freude, wie temporeich dieser Sport geworden ist und auf welch hohem technischem Niveau heute in der Bundesliga gespielt wird. Das Problem ist nur: Ich bin nicht der Maßstab.

Denn ich bin Trainer, seit meinem 29. Lebensjahr. Ich habe schlimme Niederlagen erlitten, Mannschaften vor dem Abstieg gerettet und den VfL Bochum in den Europapokal geführt. Mir sind in all den Jahren unzählige irre Geschichten passiert, und ich bin in ein paar schmutzige Intrigen hineingeraten. Manchmal hatte ein einfacher Handschlag mit einem Präsidenten länger Bestand als jeder Vertrag, und manchmal besaß der bereits unterschriebene Kontrakt eines Managers nicht einmal den Wert des Papiers, auf dem er gedruckt war. Ich kann also, ganz ohne Übertreibung, durchaus behaupten, dass ich schon so gut wie alles im Fußball erlebt habe.

Aber noch nie habe ich mir solch große Sorgen um ihn gemacht wie heute. Ich befürchte nämlich, dass er sich immer weiter von der

Basis entfernt. Dass die Fans in den Kurven bald nichts mehr anfangen können mit dem, was unten auf dem Platz passiert.

Das fängt schon damit an, dass es kaum noch Spieler gibt, die einen Bezug zu dem Verein besitzen, für den sie gerade auflaufen. Man glaubt ja immer, Loyalität und regionale Verbundenheit gab es zuletzt in den Fünfzigerjahren. Aber als ich 1989 bei Schalke anfing, standen dort zum Beispiel Werner Vollack, Ingo Anderbrügge, Carsten Marquardt, Michael Wollitz oder Peter Sendscheid im Kader, um nur einige zu nennen. Vollack kam aus Duisburg, Anderbrügge aus Datteln, Marquardt aus Oberhausen, Wollitz aus Brakel und Sendscheid aus Niederbardenberg. Diese Jungs brannten für S04, weil ihnen der Verein, das Trikot, das Logo wirklich noch etwas bedeuteten. Die kannten alle die Region und wussten, was die Leute im Stadion dachten und fühlten. Da war jemand wie Jürgen Luginger, der mit einem bayerischen Akzent sprach, in der Truppe schon ein Exot, und Ausländer hatten wir genau drei.

Heute grasen die reichen Klubs ab der D-Jugend bundesweit alles ab, was geradeaus laufen und gegen einen Ball treten kann, und stecken sie in Internate, wo sie dann zu regelrechten Fußballmaschinen ausgebildet werden, denen es im Grunde egal ist, wo sie einmal unter Vertrag stehen. Und die ärmeren Vereine kaufen eben auf der ganzen Welt fertige Kicker ein, weil sie sich die teure Jugendarbeit nicht mehr leisten können. Im Extremfall kommt dann eine Mannschaft dabei heraus, die ohne einen einzigen deutschen Spieler antritt – wie etwa Eintracht Frankfurt in der abgelaufenen Saison. Bei Erfolg ist das den Leuten vielleicht noch egal. Identifikation sieht trotzdem anders aus. Da braucht man sich auch nicht zu wundern, wenn die Funktionäre nur noch von »Spielermaterial« sprechen, einem Begriff, bei dem ich das Kotzen kriege, weil es immer noch um Menschen geht. Aber Material lässt sich halt beliebig austauschen.

Dass da irgendwann auch die Moral auf der Strecke bleibt, ist eine logische Konsequenz. Ich will gar nicht vom vielen Geld reden, das mittlerweile im Fußball im Umlauf ist – ich gönne wirklich jedem das

Gehalt, das er verdient, und dass Ablösesummen wie im Fall Neymar einfach nur pervers sind, habe ich schon oft genug gesagt. Aber wenn ein Verein von manchen seiner Spieler nur noch verarscht und erpresst wird, damit sie zum nächstbesten Klub weiterziehen können, dann müssen wir uns alle nicht wundern, wenn der Ton insgesamt rauer wird, wenn in sozialen Netzwerken anonyme Anfeindungen auf der untersten Schiene ausgesprochen werden oder wenn Ultragruppen die eigene Mannschaft bedrohen. Früher gab es noch einen direkten Bezug zwischen Spielern und Fans. Diese gegenseitige Akzeptanz hat in vielerlei Hinsicht geholfen. Wer da zu abgehoben war, wurde schnell wieder auf den Boden der Tatsachen zurückgeholt. Dafür herrschten auch in den Blöcken noch der nötige Respekt und Anstand, wenn die Leistung stimmte.

Auch die zerstückelten Anstoßzeiten halte ich für gefährlich. Unabhängig davon, dass das zu Riesenstress in der Familie einerseits und zu einer totalen Übersättigung selbst bei hartgesottenen Anhängern andererseits führen kann, wenn an jedem Tag der Woche irgendeine Partie übertragen wird: Dass die Bundesliga in aller Regel am Samstag um halb vier gespielt hat, hatte schon seinen Sinn. Dem DFB war damals noch der Amateurfußball wichtig, denn von dort kamen ja die meisten Talente. Und für viele Menschen besaß es eine verdammt große emotionale Bedeutung, ihre Heimatteams zu unterstützen, auch wenn sie sich ansonsten für die Bundesliga begeisterten. Ich erinnere mich zum Beispiel daran, dass die berühmten Bocholter Derbys zwischen dem 1. FC und dem FC Olympia in den Siebzigerjahren vor 10 000 Zuschauern und mehr stattfanden – je nachdem, in welchem Stadion am Hünting man gegeneinander spielte. Ausverkauft war aber immer. Auch damals waren viele Bocholter sicherlich Schalke-, Gladbach- oder Dortmund-Fans. Aber die Profis kamen erst an die Reihe, wenn die Amateure fertig waren.

Doch wenn bloß wegen des Fernsehens in der ersten und zweiten Liga um 13 Uhr oder demnächst vielleicht sogar noch früher angepfiffen wird, dann geht das nicht mehr. Dann stehen in Bocholt und

10 | EIN SPIEL DAUERT 90 MILLIONEN

anderswo in den unteren Klassen noch hundertfünfzig Unentwegte auf dem Graswall und erinnern sich wehmütig an die guten alten Zeiten. Der Rest sitzt zwangsläufig in den schicken Arenen oder vor der Glotze und vergisst, dass es auch etwas anderes gibt als das, was auf Sky übertragen wird: das nämlich, was über viele Jahrzehnte hinweg die Seele des Fußballs ausgemacht hat. Davon mal ganz abgesehen, ist für die Spieler solch ein Hochleistungssport zur Mittagszeit sogar richtiggehend ungesund – es sei denn, sie werfen sich zum Frühstück die nötigen Kohlehydrate wie Nudeln oder Reis ein, aber wer will das schon? In England jedenfalls reichen die Anstoßzeiten künftig vom Vormittag bis zum späten Abend. Das ist doch alles nicht mehr normal!

Worüber ich mich auch richtig ärgern kann, ist, dass Fußball heute oft wie eine komplizierte Wissenschaft verkauft wird. Und diejenigen, die meinen, eine Ahnung zu haben, glauben auch noch, das Exklusivrecht darauf zu besitzen. So wird heute hochtrabend von »falscher Neun« und »Doppel-Sechs« doziert, von »Pressing« und »Gegenpressing«, von »Vertikalpässen«, »horizontaler Raumaufteilung« und anderem theoretischem Tinnef. Das kapieren vielleicht einige Schlauberger, die meisten normalen Leute aber längst nicht mehr. Dabei ist das Spiel an sich gleich geblieben, seit ich 1987 bei Rot-Weiß Essen meinen ersten Job im Profifußball angenommen habe. Natürlich hat die Geschwindigkeit zugenommen und sind andere Systeme hinzugekommen. Aber es geht im Kern immer noch darum, ein Tor mehr zu schießen als der Gegner; es geht um Sieg, Unentschieden oder Niederlage. So einfach ist das. Aber so mancher selbst ernannte Konzepttrainer will das nicht begreifen. Ich bin mal gespannt, wie viele von denen in dreißig Jahren noch im Geschäft sind, so wie es Erich Ribbeck, Christoph Daum, Otto Rehhagel oder, bei aller Bescheidenheit, auch ich geschafft haben. Wir hätten auch von »Variabilität«, »flacher Vier« und »Umschaltbewegungen« reden können und bei den Pressekonferenzen Phrasen dreschen. Aber wir wollten lieber verstanden werden.

Wir brauchten auch keine aufwendigen Datenbanken von einer mit zehn Fachkräften bestückten Scouting-Brigade, um zu wissen, wer am besten wo eingesetzt werden kann. Wir verließen uns auf unsere Augen, unser Bauchgefühl und unsere Menschenkenntnis. Und ich mich zusätzlich auf meine dreitausendsechshundert Dossiers über alle Spieler, die ich jemals in meiner Laufbahn beobachtet habe. Weil ich mit so manchen technischen Neuerungen auf Kriegsfuß stehe, habe ich die Informationen im Lauf der Zeit allesamt auf Band gesprochen, und ein Freund hat sie mir irgendwann in eine Datei auf meinem Computer gezogen. So wurde ich gewissermaßen autodidaktisch zum allerersten »Laptoptrainer«, lange bevor dieser bescheuerte Begriff aufgekommen ist.

Es wird ja immer beklagt, dass es keine echten Typen im Fußball mehr gibt. Das glaube ich gar nicht. Ich denke nur, dass sich die Typen einfach nicht mehr zu erkennen geben dürfen. Egal, ob Spieler oder Trainer: Wer heute ein Sturschädel mit Ecken und Kanten ist, der wird von der Medienabteilung seines Vereins abgeschliffen und weichgespült. Und wer ausnahmsweise mal nach einem Spiel um die Häuser zieht, der findet sich ein paar Stunden später auf einem unscharfen Foto im Internet wieder, am besten noch versehen mit dem Hinweis, dreißig Pils getrunken zu haben – was zumindest in meinem Fall schon mal nicht sein kann, weil ich viel lieber Rotwein mag. Und weil da verständlicherweise keiner Bock drauf hat, bleibt man eben lieber unter sich. Auch dadurch ist eine Parallelwelt entstanden, die dem Fußball ganz sicher nicht gutgetan hat.

Wenn ich die Uhr zurückdrehen könnte und zwei Wünsche frei hätte, dann würde ich das Bosman-Urteil aufheben, das Verträge im Grunde obsolet und die ganze Beraterbranche erst richtig reich gemacht hat. Und ich würde die unsäglichen Anstoßzeiten wieder vereinheitlichen. Auch wenn einige Leute gerne behaupten, ich hätte nicht alle Latten am Zaun, weiß aber selbst ich, dass das leider nicht funktionieren wird. Deswegen ist die Richtung, in die es geht, leider glasklar: Wenn hier die Märkte ausgereizt sind und den hiesigen

Fernsehsendern der letzte Cent aus der Tasche gepresst worden ist, dann orientiert man sich halt am Ausland und sammelt dort die Kohle ein, für noch mehr Zugeständnisse, die wir alle machen müssen. Die Engländer bekommen für den TV-Rechte-Verkauf nach China bis 2022 rund sechshundert Millionen Euro, da wird es nicht mehr lange dauern, bis die ersten Premier-League-Spiele in Peking oder Shanghai stattfinden. Und Frankreich verlegt gleich seinen ganzen Supercup nach Fernost, damit die Chinesen die französische Liga auch ganz toll finden. Spätestens, wenn so etwas bei uns passiert, bin ich sicher, dass die Stimmung in Deutschland kippt – und sich die Straße ihren Fußball zurückholt: den Fußball, den auch ich noch kennen- und lieben gelernt habe, als ich einst in diesem Geschäft anfing.

Nur eines weiß ich noch nicht genau: ob ich mich davor fürchten oder mich doch eher darüber freuen soll.

DAS VORSPIEL

ODER: WIE BEI MIR ALLES BEGANN

Mein allererstes Bundesligaspiel sah ich an einem Samstag, natürlich einem Samstag. Ich war neun Jahre alt. Es war der 3. Dezember 1983, ein grässlicher Tag, kalt und regnerisch und grau. Die Mannschaft, deretwegen mein Vater und ich ins Stadion gegangen waren, war die Mannschaft unserer Heimatstadt. Wir lebten in Nürnberg. Dementsprechend lautete die Logik meines Vaters: Wenn man sich schon für Fußball interessiert, so gibt es keinen vernünftigen Grund, sich nicht für den 1. FC Nürnberg zu interessieren. Ich sah das etwas anders: Der Hamburger SV war gerade deutlich erfolgreicher, auch Borussia Mönchengladbach war gut im Geschäft und erst recht Bayern München, mit dem sagenhaften Karl-Heinz Rummenigge im Sturm und dem verwegenen Jean-Marie Pfaff im Tor, Meister 1980 und 1981. Aber das alles zählte für meinen Vater nicht – auch nicht, dass mein Lieblingsspieler, der flinke Pierre Littbarski, beim 1. FC Köln unter Vertrag stand. Nach Meinung meines Vaters hatten wir einfach Pech, nicht in Hamburg, Mönchengladbach, München oder Köln zu wohnen, wo man sich selbstverständlich für Hamburg, Mönchengladbach, München oder Köln begeistern dürfe – sondern eben in Nürnberg. Hier gab es nun mal keinen Pfaff und keinen Rummenigge und auch keinen Littbarski, hier gab es Spieler wie Werner Habiger, Stefan Lottermann und Norbert Blabl. Außerdem war der Club mit

14 | EIN SPIEL DAUERT 90 MILLIONEN

neun Titeln immerhin deutscher Rekordmeister. Natürlich wusste mein Vater, dass der letzte Meistertitel der Nürnberger über ein Vierteljahrhundert zurücklag, ein Triumph aus einer Zeit, in der selbst er noch jung war.

Doch für ihn war die Vereinswahl ein Schicksal, das es nicht zu hinterfragen galt: Wer in Nürnberg lebte, wurde Anhänger des 1. FC Nürnberg – keine Diskussion. Ich lernte: Man konnte sich seinen Verein nicht einfach so aussuchen wie zum Beispiel ein Lieblingsbuch oder eine Lieblingshörspielkassette. Also versuchte ich das Ganze positiv zu sehen: Immerhin ging es uns auch nicht schlechter als zum Beispiel den Offenbachern, den Braunschweigern oder den Bochumern, deren Mannschaften im Moment ähnlich erfolglos spielten wie der 1. FCN. Was sollten da erst die Menschen aus Gelsenkirchen, Solingen, Saarbrücken oder Berlin sagen! Die musste man ja vergleichsweise sogar bemitleiden, denn deren Klubs befanden sich in der zweiten Liga. Zweite Liga – das erschien mir gleichbedeutend mit dem Verschwinden von der Bildfläche: Es gab von dort so gut wie keine Fernsehbilder, und wahrscheinlich hatten die Vereine kaum Zuschauer und auch keine richtigen Stadien, sondern nur Sportplätze, ungefähr so wie der TSV der Freiwilligen Feuerwehr aus unserem Viertel. Zumindest vermutete ich das.

Mein Vater hatte zuvor schon öfter versucht, mich zu meinem ersten Stadionbesuch zu überreden. Und nun war es ausgerechnet dieser nasskalte Wintertag geworden. Seit der Weltmeisterschaft 1982 war ich nicht nur Littbarski-Fan, ich schwärmte vor allem für Paolo Rossi, den feschen Torschützenkönig der Italiener, der folgerichtig seit eineinhalb Jahren in meinem Zimmer als Bravo-Poster hing. Vielleicht hatte mein Vater deshalb Angst, dass ich in Sachen Fußballleidenschaft eine Dummheit begehen und doch einem Team aus einer anderen Stadt oder gar einem anderen Land zujubeln könnte. Und wahrscheinlich ahnte er, dass die Erfolgserlebnisse, die einem fußballbegeisterten Nürnberger Kind Appetit auf mehr machten, bald noch dünner gesät sein würden. Schließlich hatten wir es mit einem Heimatverein zu tun, der seine besten Jahre schon mehrere Jahrzehnte hinter sich und, wie es aussah, eine eher düstere Zukunft vor sich hatte.

Also nutzte mein Vater für meine »Premiere« eine der vermutlich letzten Gelegenheiten auf einen halbwegs sicheren Heimsieg. Das Nürnberger Team befand sich 1983 kurz vor dem Ende der Hinrunde mit neun Punkten auf dem 16. Tabellenplatz und hatte gerade beim HSV eine 0:4-Klatsche kassiert. Weil aber der Gegner an diesem Spieltag, der 1. FC Kaiserslautern, auch nicht viel besser dastand und bislang auswärts nur in Köln etwas reißen konnte, musste es heute einfach klappen – dachte zumindest mein Vater. Also hatte er am Frühstückstisch entschieden, dass ich ihn an diesem Nachmittag begleiten sollte. Ganz egal, wie beschissen das Wetter auch sein würde.

Meine Mutter meldete zwar die üblichen mütterlichen Bedenken wegen der fatalen Witterungsbedingungen und der damit verbundenen Erkältungsgefahr an, aber das spielte keine Rolle. Ich wollte ja auch endlich mal mit ins Stadion, und mein Vater hatte sicherlich seit meiner Geburt von diesem Augenblick geträumt: Mit dem einzigen Sohn zu einem echten Fußballspiel zu gehen – das war für echte Fans etwas viel Bedeutenderes als ein Haus zu bauen oder einen Baum zu pflanzen. Das war die Weitergabe einer heiligen Familientradition und in etwa so, als überreiche man ein unbezahlbar wertvolles Erbstück feierlich an die nächste Generation. Und meine goldene Taschenuhr, die schon mein Urgroßvater am Revers trug und später mein Opa und die zwei Weltkriege überstand, war nun mal dieser 1. FC Nürnberg. Den gab es immerhin auch schon seit dem Jahr 1900. Zwar kannte ich mich ein bisschen aus mit Fußball, weil ich vor der WM immer mit meinem Vater gemeinsam die Sportschau angeschaut und dabei mitbekommen hatte, wie sehr er sich dabei freute (was selten vorkam) oder ärgerte (was fast immer der Fall war). Daher waren mir auch die grundlegenden Gepflogenheiten bekannt: Ich wusste selbstverständlich, dass ein Spiel 90 Minuten dauerte und eine Mannschaft elf Spieler umfasste. Mir sagte der

16 | EIN SPIEL DAUERT 90 MILLIONEN

Begriff »Libero« etwas. Mir war ebenfalls klar, was eine Gelbe und was eine Rote Karte bedeuteten, und ich war einer der wenigen auf dem Schulhof, die penibel auf die Einhaltung der Abseitsregel achteten – was gar nicht so leicht war, wenn zwei Teams auf nur ein Tor spielten. Ich hatte allerdings keine Ahnung, was mich vor Ort, beim »Club« erwartete. In einem war ich mir sicher: Fußball im Fernsehen oder auf dem Pausenhof – das konnte unmöglich spannender sein, als ein Spiel live in einem Stadion zu sehen.

Schon auf dem Weg vom Parkplatz war ich aufgeregter als am ersten Schultag. Ich erkannte von Weitem die wegen des Nebels angeschalteten Flutlichtmasten, die das in meinen Augen riesige Bauwerk wie eine Art Raumschiff erscheinen ließen. Wir passierten etliche Imbissbuden, an denen es nach verbrannten Würsten und verschüttetem Bier roch und an denen gruppenweise Männer standen und lautstark diskutierten – und keine einzige Frau. Mit uns gemeinsam marschierten derweil eine Menge grimmiger Gestalten in Richtung der Lichtmasten. Alle rauchten, sie trugen zerschlissene Jeansjacken ohne Ärmel und mit unendlich vielen Aufnähern, und sie hatten ihre Schals nicht um den Hals geschlungen, sondern um beide Arme gebunden. Einigen hing eine Tröte um den Hals, wie man sie an den Lenkern von Fahrrädern oder Mofas befestigte, andere hatten rote Signalhupen dabei, die mit einer Gaskartusche betrieben wurden. Und bei manchen von ihnen erkannte ich, dass ihre Hände einen Schlagring umklammerten. Was ein Schlagring war, wusste ich, seitdem wir mit der Schule einen Besuch auf der Polizeiwache absolviert hatten und uns der für den pädagogischen Dienst eingeteilte Hauptwachtmeister die Asservatenkammer gezeigt hatte. Dieser Polizist hatte uns auch etwas von einem »Waffenverbot« erzählt. Daher wunderte ich mich, Schlagringe im Stadion zu sehen. Aber da außer mir das Ganze niemandem aufzufallen schien, vermutete ich, dass es schon seine Richtigkeit hatte.

An der Einlasskontrolle stand inmitten eines zerbeulten Gittertores ein kleiner älterer Mann im Regen. Er trug eine weiße Armbinde, auf der in ausgeblichenen Buchstaben »Ordner« geschrieben stand. Das Männchen war klatschnass und machte keinerlei Anstalten, irgendjemanden zu kontrollieren – weder uns noch die Gestalten mit den Schlagringen. Stattdessen warf es nur einen flüchtigen Blick auf die Kinderkarte, die mein Vater kurz zuvor an einem der Kassenhäuschen erstanden hatte und auf das Ticket meines Vaters, das er wie üblich im Vorverkauf gekauft hatte – was vollkommen unnötig war, denn ausverkauft waren die Spiele wirklich nie. Der Ordner, der gerade rein gar nichts zu ordnen hatte, machte, ohne seine Hände aus der Hosentasche zu nehmen, eine missmutige Kopfbewegung, dass wir schnell weitergehen sollten. Auf dem Gittertor direkt neben ihm hing ein, wie ich fand, lustiges Schild.

»Offensichtlich alkoholisierte Besucher sind zwingend abzuweisen«, stand darauf. Aber auch daran hielt sich der Ordner nicht, denn kurz vor uns passierte ein etwa 16- oder 17-jähriger Junge den Eingang, der so besoffen war, dass er kaum geradeaus laufen konnte. Im Innenbereich schwankte er dann in Richtung des Bierstandes, den auch mein Vater zielstrebig ansteuerte. Dieser Stand setzte sich aus zwei hintereinander aufgestellten Biertischgarnituren zusammen, auf denen sich Unmengen von Plastikbechern verschiedenen Inhalts befanden. Die beiden Stoffschirme mit dem Aufdruck einer Nürnberger Brauerei konnten den Regen nur notdürftig zurückhalten, und am Ende des zweiten Biertisches saß ein weiterer kleiner älterer Mann auf einem Hocker, eine aufgeklappte Geldkassette vor sich, in die es genauso hineintropfte wie in die Becher.

»Ein Bier und eine Fanta, aber bitte unverdünnt«, sagte mein Vater.

»Vierfuffzig«, sagte der Mann hinter der Geldkassette, ohne über den Spruch meines Vaters zu lachen.

Mein Vater drückte mir die Fanta in die eine Hand, nahm meine andere und zog mich ein paar Meter weiter in Richtung unseres Blocks. Wir gingen eine steile Treppe nach oben, und als wir aus dem Aufgang herauskamen, direkt unter dem Werbeschild eines örtlichen

18 | EIN SPIEL DAUERT 90 MILLIONEN

Autohauses, erkannte ich, dass die Tribüne genau gegenüber die einzige im Stadion war, die ein Dach besaß. Über uns genauso wie über all den anderen Menschen im gesamten Rest des Bauwerks war lediglich der graue, wolkenverhangene Himmel zu sehen. Vereinzelt hatten die Leute Schirme dabei, aber die meisten standen im Regen und wurden nass – so wie der Mann am Einlass, so wie der Mann am Bierstand und so wie wie mein Vater und ich.

Aus Lautsprechern, die oberhalb jedes Blocks an dürren Holzstangen hingen, kamen blecherne Informationen, die ich nur zum Teil verstand. Es schien sich um organisatorische Hinweise zu handeln und natürlich um die beiden Mannschaftsaufstellungen, denn nach einer der Ansagen wurde von den meisten Leuten um uns herum freundlich applaudiert, nach einer anderen pfiffen alle lautstark auf ihren Fingern, auch mein Vater. Dann kamen die Spieler und der Schiedsrichter aufs Feld, und genau mit dem Anpfiff war meine Fanta leer, weil ich vor lauter Aufregung einen Schluck nach dem anderen getrunken hatte. Ich musste dringend aufs Klo, kaltes Wasser rann von meiner aufgequollenen Mütze hinunter in den Nacken und dann weiter Richtung Po. In der Umgebung roch es intensiv nach Zigaretten und klammer Kleidung. Der mittelalte Herr vor uns, der noch vor wenigen Augenblicken zwei Brötchen mit Lachsersatz und Zwiebeln in den Händen gehalten und in aberwitzigem Tempo verschlungen hatte, stieß kurz, aber deutlich hörbar auf. Und mein Herz klopfte vor Vorfreude bis zum Hals.

Ich ging voll in dem Moment auf: Das hier also war das erste Fußballspiel, das ich aus unmittelbarer Nähe verfolgte, gemeinsam mit meinem Vater. Schon in diesem Moment wusste ich, dass ich gerade etwas erlebte, das ich nie wieder vergessen würde. Und tatsächlich reihe ich diesen ersten Stadionbesuch heute, als Erwachsener, direkt neben prägenden Ereignissen wie dem ersten Schultag, der heiligen Kommunion und dem ersten Kuss ein.

Dass das Spiel für den 1. FC Nürnberg alles andere als gut lief, hatte mich offenbar nicht abgeschreckt: Schon zur Pause stand es 0:2.

»Ich hol' mir jetzt noch ein Bier, sonst hält man den Mist ja überhaupt nicht aus«, sagte mein Vater, als wir unseren Block zusammen mit ein paar Dutzend anderer missmutiger Fans verließen. »Magst du auch noch was trinken?«

»Ich nehm' noch eine Fanta«, sagte ich. Doch bevor ich auch nur einen weiteren Tropfen Flüssigkeit zu mir nehmen konnte, musste ich erst mal zur Toilette.

Während sich mein Vater wieder zu dem beschirmten Biertisch begab, suchte ich einen Ort, an dem ich ungestört meine Fanta loswerden konnte. Aber: Ich fand keinen. Es gab einen baufälligen Unterstand mit der Aufschrift »Pissoir«, aber dort standen so viele rauchende Männer mit ärmellosen Jeansjacken an, dass ich mich nicht hineintraute. Ich wollte mich aber auch nicht zu weit vom Biertisch entfernen, denn irgendwie sah hinter den grauen Blöcken mit den steilen Treppen alles vollkommen identisch aus, und ich hatte Angst, meinen Vater zu verlieren. Also schob ich mich in ein neben dem Pissoir wucherndes Gebüsch. Ich zog meine Hose herunter und hörte beim Pinkeln, wie neben mir jemand heftig würgte. Vor lauter Ekel vermied ich es, näher hinzusehen. Als ich fertig war, bemerkte ich, dass mir der betrunkene 17-Jährige, den wir vorhin am Eingang gesehen hatten, direkt auf die Schuhe gekotzt hatte und nun, mit all seinen Schals und der vollgebrochenen Jacke, zusammengerollt auf dem nassen Boden lag. Dass man im Fußballstadion Menschen traf, die einem im Grundschulalltag eher nicht über den Weg liefen, war mir zu diesem Zeitpunkt längst klar. Toll und aufregend fand ich die Atmosphäre trotzdem.

Mein Vater war angesichts des Spielstands inzwischen ziemlich bedient. Als wir wieder unseren Stehplatz aus der ersten Halbzeit eingenommen hatten, wenn auch etwas weiter vom immer noch aufstoßenden Fischbrötchenmann entfernt, schimpfte er unaufhörlich in seinen Bierbecher hinein. Das 0:3 gut vier Minuten nach Wiederanpfiff kommentierte er noch mit einem entnervten Kopfschütteln, aber beim 0:4 exakt 60 Sekunden später, nachdem ein orientierungsloser Nürnberger bereits beim eigenen Anstoß den Ball an den Gegner verloren hatte, war er außer er sich. Er beschimpfte den Trainer – einen gewissen Herrn Kröner, der erst seit 41 Tagen im Amt war – als »Versager« und »Vollidiot«. Und er sagte auch noch weitaus schlimmere Wörter, die ich noch nie aus seinem Mund gehört hatte.

Die meisten anderen der – wie der Lautsprecher zwischenzeitlich verkündete – 10 500 Zuschauer, die sich im knapp sechs Mal so viele Menschen fassenden Städtischen Stadion verloren, schimpften nun ebenfalls und riefen Dinge, für die ich in der Schule mindestens zwei Wochen hätte nachsitzen müssen. Auf den Treppen setzte eine regelrechte Wanderungsbewegung ein, die Leute schoben sich Richtung Ausgang, sie schleuderten ihre Bierbecher auf den Boden, und einige warfen sogar ihre schönen Schals in den Dreck. Eine Stimmung, als hätte jeder der Männer um uns herum gerade erfahren, dass ihn seine Frau mit seinem allerbesten Freund betrog. Nur ich fand das Ganze immer noch spannend. Dass die Niederlage gegen einen direkten Mitkonkurrenten um den Abstieg richtungsweisend war, dass die Tabellensituation sich dadurch dramatisch verschlechterte, dass Herr Kröner noch am selben Abend entlassen wurde – all das konnte ich ja nicht wissen.

Mein Vater wollte jetzt ebenfalls gehen.

»Dieser elende Scheißverein«, fluchte er auf dem Weg zum Parkplatz. Warum bloß hatte er mich ausgerechnet an diesem ungeeignetsten aller ersten Tage ins Stadion mitgenommen? Wie sollte sich ein Junge, der gerade in die zweite Klasse ging, für Fußball im Allgemeinen und diesen Verein im Besonderen begeistern, nachdem er einen solchen Mist vorgesetzt bekommen hatte? Warum nur hatte er nicht auf meine Mutter gehört und das Spiel lieber daheim im geheizten Wohnzimmer bei einer Tasse Kakao verfolgt – vor dem Radio, das man einfach ausschalten konnte, wenn einen die Übertragung aus den Stadien der Fußball-Bundesliga zu sehr aufregte? Wahrscheinlich wären sogar die Mathehausaufgaben oder ein Besuch bei Großtante Lissy im Altenheim angenehmer für mich gewesen als dieser Dreck. Das alles sagte er leise in sich hinein, aber laut genug, dass ich es hören konnte. Und dann sagte er noch etwas: einen Satz, den ich nie wieder aus dem Kopf bekommen und noch ungefähr eintausend weitere Male hören und später dann weitaus öfter selber sagen würde:

»Das war das allerletzte Mal!« Danach liefen wir schweigend durch den Regen zu unserem Auto.

Natürlich war es das nicht, das allerletzte Mal, im Gegenteil. Es war der Anfang – wenn auch ein Anfang, wie er beschissener nicht hätte verlaufen können. Obwohl das Spiel, wie wir auf der Heimfahrt im Autoradio erfuhren, nur noch 3:4 aus Nürnberger Sicht endete, weil Kaiserslautern nach der überraschend hohen Führung ebenfalls sehr leichtfertig wurde. Aber diese Ergebniskosmetik half ja trotzdem nichts, und auch die weiteren Spiele in dieser Saison unter dem neuen Trainer Heinz Höher waren eine reine Qual. Nichtsdestotrotz gingen mein Vater und ich jedes Mal zusammen ins Stadion.

»Ich hab' für den Quatsch bezahlt, also schaue ich ihn mir auch an«, sagte er, als wolle er sich für den Besuch bei mir rechtfertigen. Ich verstand nicht, warum er sich immerfort Karten kaufte, wenn er doch meistens nach dem Spiel über das Gesehene schimpfte. Niemand zwang ihn, zum Fußball zu gehen, im Gegenteil – meine Mutter zum Beispiel riet ihm regelmäßig mit dem Hinweis auf seine angeschlagene Gesundheit davon ab, aber er hörte nicht auf sie. Es sollte Jahre dauern, bis ich sein seltsames Verhalten nachvollziehen konnte. Mein Vater hatte noch die guten Zeiten erlebt, die Sechzigerjahre mit zwei Meisterschaften und einem 7:3-Erfolg gegen Bayern München, als Sepp Maier kreidebleich und mit Tränen in den Augen vom Platz marschierte. Aber es gab auch schon schlechtere Tage, ein Jahrzehnt Zweite Liga und jedes Mal aufs Neue eine Enttäuschung in der Aufstiegsrunde. Ein Fußballfan zu sein, das war offenbar eine Mischkalkulation.

»Das hier«, meinte er eines Tages zu mir, als wir wieder einmal ohne wirkliche Aussicht auf Erfolg zu einem Heimspiel liefen, »ist ein langfristiges Projekt. Keine Modeerscheinung wie der Zauberwürfel oder diese komischen Ghostbusters. Das musst du dir merken.«

Und das tat ich.

22 | EIN SPIEL DAUERT 90 MILLIONEN

Das Ritual war immer dasselbe: Wir stellten ungefähr fünfzehn Minuten vor Anpfiff das Auto ab und marschierten dann strammen Schrittes los, sodass wir gerade noch rechtzeitig zu Spielbeginn im Block waren. So konnten wir uns die Platznachbarn aussuchen oder noch besser: eine völlig freie Stelle finden – und liefen nicht Gefahr, dass sich allzu betrunkene oder aggressive Gesellen neben uns stellten. Mein Vater kaufte sich, je nach Spielverlauf, ein oder zwei Bier und mir eine oder zwei Fanta. Danach sahen wir ein 2:3 gegen Leverkusen, ein 2:4 gegen Bayern, ein 0:0 gegen Waldhof Mannheim und, gewissermaßen als Krönung, ein 0:6 gegen Stuttgart. Zwischenzeitlich bejubelte ich gegen Bremen sogar meinen ersten Heimsieg. Weil allerdings in den Wochen, in denen wir Fußball nur im Radio hören konnten, also in den Wochen, in denen der FCN auswärts spielte, einfach alles verloren ging, was verloren gehen konnte, hatte dieser für mich so historische Moment an sich keine Bedeutung mehr, und außer mir freute sich dann auch so gut wie niemand mehr über die Tore unserer Stürmer Dieter Trunk und Manfred Burgsmüller.

Der Lieblingsverein meines Vaters, der auf so eigenartige wie unergründliche Weise in jenen Wochen auch zu meinem Lieblingsverein geworden war, verabschiedete sich an einem strahlend sonnigen Samstag, es war der 26. Mai 1984, sang- und klanglos aus der ersten Bundesliga. Er hatte auf gegnerischen Plätzen nicht einen einzigen Punkt geholt und daheim auch nur vierzehn, das waren am Ende nur fünf Punkte mehr als zu dem Zeitpunkt, an dem ich mein erstes Spiel sah. Ein sportliches Desaster, dem zum bitteren Ende, einem 0:2 gegen Borussia Dortmund am 34. Spieltag, noch genau 4975 Zuschauer beiwohnen wollten. Unter den Katastrophentouristen waren ein paar Unentwegte, von denen die meisten ihren Frust mit sehr viel Bier herunterspülten, außerdem ungefähr Tausend Dortmunder, die sich freuten, durch den Sieg in Nürnberg den Relegationsspielen gegen den MSV Duisburg entgangen zu sein. Und mein in dieser Hinsicht unverbesserlicher Vater samt seinem Sohn.

DAS VORSPIEL | 23

In den vergangenen dreieinhalb Jahrzehnten habe ich mir oft die Frage gestellt, warum ich in diesem Jahr mein Herz an den Fußball verloren habe – und darüber hinaus an einen Klub, der mich bereits zu Beginn meines Fan-Daseins so sehr enttäuscht hat. Sportlich gesehen hätte es nicht schlechter laufen können; der Rekord von 17 verlorenen Auswärtsspielen in Folge hat bis heute Bestand. Das Stadion war alt und marode, und es grenzte an ein Wunder, dass in jenen Jahren niemand von einem herabstürzenden Steinbrocken oder einer verrosteten Werbetafel erschlagen worden ist. Die wenigen Anhänger, die es bis zum Schluss bei den Spielen aushielten, waren laut, betrunken und ordinär, und fast jedes Mal, wenn wir nach dem Schlusspfiff zum Wagen gingen, sahen wir, wie sich vor irgendeiner Gastwirtschaft eine Gruppe Nürnberger mit gegnerischen Fans prügelte. Die Spieler eigneten sich beim besten Willen nicht zu Vorbildern oder gar Idolen, denen ich hätte nacheifern wollen, wenn meine Kumpels bei unserem sonntäglichen Gebolze auf der Feuerwiese Pierre Littbarski, Rudi Völler oder Frank Mill sein wollten. Auf dem Schulhof konnte ich erst recht nicht mit meinem Hobby angeben, wenn wir am Wochenende zuvor wieder mal verloren hatten, zum Beispiel 1:6 gegen Hamburg, wo die wirklichen Stars jener Tage spielten – Manfred Kaltz, Jimmy Hartwig, Felix Magath, Uli Stein.

Kurzum: Es gab überhaupt kein vernünftiges Argument dafür, seine Freizeit, sein Geld und noch viel mehr für diesen Sport zu opfern.

Und doch tat ich es. Ich ging fortan mit meinem Vater zu jedem Heimspiel, egal, in welcher Liga sich der FCN gerade tummelte. Eines Tages, als mein Vater aus gesundheitlichen Gründen nicht mehr mitkommen konnte und wohl auch nicht mehr wollte, trommelte ich meine besten Freunde zusammen, und wir kauften uns jeder eine Dauerkarte. Sie kostete beinahe 150 Mark, das war fast ein gesamter Monatslohn beim Zeitungsaustragen oder Regale-Einräumen oder Eisverkaufen oder was wir halt so machten, um uns den Fußball leisten zu können. Irgendwann reichten uns die Heimspiele nicht mehr,

24 | EIN SPIEL DAUERT 90 MILLIONEN

wir setzten uns in heruntergewirtschaftete Sonderzüge und fuhren auswärts mit. Oft waren wir bis zu 18 Stunden unterwegs und kamen mit einem dicken Kopf und null Punkten zurück. Später leisteten wir uns eine gemeinsame Autofahrt und manchmal ein Hotelzimmer, in dem wir zu viert übernachteten, nur um unseren Verein in Hamburg, Oberhausen, Köln, Wattenscheid, Frankfurt oder Osnabrück meistens verlieren und sehr selten gewinnen zu sehen. Wenn wir uns unter der Woche oder in Sommer- und Winterpausen trafen, diskutierten wir meistens nur über zwei Themen: das vorangegangene und das nächste Spiel. Ich habe nicht gezählt, wie oft ich meine Urlaube um den Bundesligarahmenterminkalender herumgelegt, Verabredungen abgesagt und mich im Büro krankgemeldet habe, um es rechtzeitig ins Stadion zu schaffen.

Und ich möchte gar nicht wissen, wie viel Geld ich in dieser Zeit für mein Hobby ausgegeben habe und wie viele Jahre meines Lebens es mich gesundheitlich gekostet hat.

Was aber beinahe noch schlimmer ist: Ich vermisse die alten Zeiten umso mehr, je länger sie zurückliegen. Natürlich sitze auch ich heute bequem und trocken in den neuen Arenen, mit bester Sicht und einem ausgeklügelten Rahmenprogramm. Und doch sehne ich mich in manchen Momenten nach den zugigen Stehtribünen ohne Dach und der Kirchehrenbacher Blaskapelle, die früher in der Halbzeit einmal die Aschenbahn ablief und 15 Minuten lang die »Liechtensteiner Polka« spielte. Ich kaufe mir in der Halbzeit ein ofenwarmes Teriyaki-Sandwich oder einen Pulled-Pork-Burger und will im Grunde genommen nur den Geschmack eines durchweichten Heringsbrötchens spüren. Ich bewundere die Spielzüge der Bayern oder die technische Finesse von James Rodríguez, Bruma und Pierre-Emerick Aubameyang – und würde insgeheim lieber mal wieder die Blutgrätsche von Horst Weyerich sehen. Ich freue mich über das federleichte und schweiß-absorbierende Heimjersey aus der offiziellen Team-Collection zum Geburtstag – und erinnere mich wehmütig an das rote T-Shirt, das meine Mutter mittels ausgeschnittener Filzbuchstaben und einer alten Nähmaschine zum Trikot umfunktionierte. Und natürlich hoffe auch ich auf neue goldene Zeiten, wenn wieder einmal ein oder zwei Millionen Euro für eine vielversprechende Neuverpflichtung ausgegeben werden – und bin doch angewidert vom großen Geld, um das es heute überall geht, wo sich ein Ball befindet.

Mein Verein ist dabei völlig austauschbar, denn meine Fußballgeschichte haben Millionen von Menschen ebenfalls so oder so ähnlich erlebt: Es sind Menschen, die noch heute mit leuchtenden Augen von ihrem ganz persönlichen 3. Dezember erzählen, den sie mit sieben oder zwölf oder sechzehn Jahren irgendwann in einem Stadion oder womöglich vor einem Radiogerät erlebt haben – beim Spiel des 1. FC Nürnberg gegen Kaiserslautern, bei Alemannia Aachen gegen den VfB Stuttgart, bei Hertha BSC Berlin gegen Werder Bremen, bei Eintracht Braunschweig gegen Waldhof Mannheim, beim 1. FC Köln gegen Preußen Münster, bei 1860 gegen Offenbach oder bei Bochum gegen den HSV, um nur ein paar von unzähligen Beispielen zu nennen. Vielleicht sogar bei einem Spiel des FC Bayern München – früher, als Gewinnen auch dort noch etwas Besonderes war und das Olympiastadion mit 23 000 Zuschauern als gut gefüllt galt. Ganz sicher aber nicht bei der TSG Hoffenheim oder bei RB Leipzig, denn bei allem Respekt: Man kann nicht wissen, wie schmerzhaft das Dasein als Fan sein kann, wenn man niemals bei Schneeregen in einem unüberdachten Stehplatzblock gefroren hat und nach einer brutalen Klatsche betrunken und traurig und durchnässt nach Hause geschlichen ist.

Jede dieser individuellen und mal lustigen oder melancholischen, mal gnadenlos ausgeschmückten oder ungehemmt übertriebenen Geschichten aus Block Fünf oder Zwölf, aus Sektor A oder C, aus der Ost-, Nord-, West- oder Südkurve erzählt nämlich auch, wie sich der Fußball insgesamt in den vergangenen Jahrzehnten entwickelt hat: von einem kollektiven Erweckungserlebnis für eine ganze Nation über eine zweifelhaft beleumundete Freizeitbeschäftigung für Rowdies und Schläger bis zum gesellschaftlichen Event für Besserverdie-

26 | EIN SPIEL DAUERT 90 MILLIONEN

ner oder – noch schlimmer – zum Tummelplatz für Spekulanten, wie er es heute vielerorts ist.

Es mag sein, dass sich der Blick zurück im Laufe der Jahre verklärt, dass das alles damals doch nicht so schön, so romantisch und so unschuldig war, wie es sich heute anfühlen mag. Es ist sogar nachweislich so, dass auch früher dubiose Gestalten die Hand aufhielten. Dass hinter den Kulissen gezockt wurde und beschissen und abkassiert. Dass es Spieler gab, die sogar ihre eigene Mutter für eine Extraprämie verkauft hätten. In diesem Zusammenhang sei nur kurz an den berüchtigten Bundesligaskandal von 1971 erinnert, als insgesamt zweiundfünfzig Spieler, sechs Funktionäre und zwei Trainer für ein paar Tausend Mark ihre Sportlerehre verkauften und Spiele verschoben, damit Arminia Bielefeld und Rot-Weiß Oberhausen nicht abstiegen. Dennoch möchte ich in diesem Buch ein bisschen wehmütig an die Tage erinnern, in denen wir Fans die Mannschaftsaufstellung über viele Saisons hinweg auswendig konnten, in denen es keine Einlaufchoreografie und keine Torhymnen brauchte und in denen alles selbst dann noch ein wenig familiärer zuging, wenn man sich mal gegenseitig auf die Fresse haute. Es waren die Tage, an denen Fußball einfach nur Fußball war.

Nicht weniger. Aber eben auch nicht mehr.

WEIL DIE HELDEN VON BERN NICHT UNSTERBLICH WAREN

ODER: DIE SELTSAME VERWANDLUNG VON SPORTLERN ZU POPSTARS

Den ersten Kontakt zu einem echten Fußball-Weltmeister hatte ich in einer kleinen Lotto-Annahmestelle im Erdgeschoss eines schmucklosen Mietshauses in der Nürnberger Südstadt. Hinter einem schlichten Tresen mit gewaltiger Registrierkasse, an dem ein handgeschriebenes Plakat mit den aktuellen Lotto-Gewinnzahlen sowie den Quoten von Toto und Rennquintett hing, stand ein freundlich aussehender, kleiner und grauhaariger Mann mit Knubbelnase und leicht rotem Gesicht. Er begrüßte meinen Vater und fragte, was er für ihn tun könne.

»Das ist Max Morlock«, flüsterte mein Vater, und ich merkte ihm an, dass er dabei ziemlich aufgeregt war.

Ich verstand nicht, was daran so besonders war, denn der Name sagte mir nichts. Ich kannte Rummenigge, Briegel, die Förster-Brüder, Toni Schumacher und seit dem Spiel gegen den 1. FC Kaiserslautern leider auch diesen dämlichen Nilsson, der drei Treffer gegen uns geschossen hatte und allen Ernstes auch noch Torbjörn hieß! Und natürlich Paolo Rossi, den Torschützenkönig der WM 1982, den ich ziemlich hammermäßig fand, was ich mich aber nicht laut zu sagen traute. Niemand sonst, den ich kannte, mochte das italienische Team.

»Er ist einer der Helden von Bern«, sagte mein Vater etwas lauter, aber auch damit konnte ich nichts anfangen.

»Ein wirklicher Fußball-Weltmeister!«, rief er nun, wobei seine Stimme einen feierlichen Unterton bekam und vibrierte. Ich konnte mir das nicht vorstellen, denn der Mann vor uns schien um die 60 zu sein. Rossi war Weltmeister, aber deutlich jünger.

Max Morlock schien die Sache eher unangenehm zu sein.

»Jetzt hören Sie doch bitte auf«, beschwichtigte er seinen enthusiastischen Kunden. »Sagen Sie mir lieber, wie ich Ihnen helfen kann.«

»Ach so, natürlich«, sagte mein Vater. »Zwei Karten gegen Leverkusen bitte. Ein Erwachsener, ein Kind.«

Das erste Heimspiel nach der Winterpause stand an, und nachdem ich trotz der Niederlage gegen Lautern nachhaltig beeindruckt war vom, sagen wir mal, Gesamterlebnis, war es keine Frage, dass ich meinen Vater wieder ins Stadion begleitete. Normalerweise kaufte er seine Karte immer erst kurz vor Anpfiff an einem der kleinen Kassenhäuschen – wenn überhaupt. An Tagen, an denen besonders wenig los war, wartete er bis wenige Minuten nach Spielbeginn. Dann wurden sämtliche Ordner an den Eingängen abgezogen – bis auf einen; einen kleinen alten und kahlen Mann, den alle nur den Zabo-Herbert nannten, weil er im benachbarten Ortsteil Zerzabelshof, kurz: Zabo, wohnte. Und Zabo-Herbert ließ, gegen einen kleinen Obolus von vier oder fünf Mark, alle Leute hinein, die von seinem kleinen und natürlich illegalen Zusatzgeschäft wussten. Drinnen brauchte man die Karte sowieso nicht mehr. Es gab keinerlei Kontrollen an den Zäunen, an den Treppen oder beim Verlassen der Blöcke. Es gab überhaupt keine Kontrollen. Wer drin war, blieb drin – ganz egal, wie derjenige dorthin gekommen war. So kam es, dass sich mein Vater an frühere Endrundenspiele erinnerte, in denen selbst in der Zeitung offiziell von Tausenden Menschen mehr die Rede war, als das Stadion überhaupt an Fassungsvermögen besaß. Zabo-Herbert musste in dieser Zeit ein reicher Mann geworden sein.

Doch nicht nur er war verantwortlich für den großzügigen Einlass. Wenn die Bargeldbestände dringend mal wieder gefüllt werden mussten, ließ der Präsident ein paar Hundert zusätzliche Karten drucken, deren Einnahmen an der Steuer vorbei direkt in die Vereinskasse flossen. Dieses System funktionierte natürlich nur bei Stehplätzen, weil diese nicht nummeriert waren. Jetzt allerdings, bei dem merklich gesunkenen Zuschauerinteresse, war eh alles egal. Vermutlich war der Verein froh, wenn überhaupt noch jemand ins Stadion kam, ob der nun bezahlte oder nicht. Und weil zwischen den Blöcken keine wirkliche Abtrennung existierte, sondern nur ein Zäunchen, das so niedrig war, dass ein erwachsener Mann mit einem beherzten Schritt darübersteigen konnte, konnte man problemlos zwischen Steh- und Sitzbereich wechseln und sich auf einen freien Platz auf einer der morschen Holzbänke setzen, nachdem man Zabo-Herbert einen Heiermann in die Hand gedrückt hatte. Es war ein Wunder, dass es tatsächlich Zuschauer gab, die sich noch die teuren Sitzplatzkarten kauften.

Diesmal jedoch wollte mein Vater mit mir ganz offiziell ins Stadion und dafür eine der zahlreichen Vorverkaufsstellen nutzen, die allesamt von ehemaligen Spielern des FCN betrieben wurden. Und der bekannteste von ihnen war eben Max Morlock, der Torschütze des Anschlusstores zum 1:2 gegen Ungarn im WM-Finale von 1954. Davon wusste ich zu diesem Zeitpunkt natürlich nichts, aber nachdem wir die beiden Eintrittskarten in Morlocks Laden gekauft hatten, erzählte mein Vater es mir.

Er erzählte, wie er sich als kleiner Junge in eine Traube von vielleicht fünf- oder sechshundert Menschen vor dem Schaufenster von Radio Hössbacher drängte, weil hinter der Scheibe ein kleiner Telefunken-Fernseher stand, auf dem das Endspiel übertragen wurde. Er erzählte, wie ausnahmslos alle Jungen aus seiner Klasse stundenlang am Bahnsteig warteten, um den Sonderzug aus der Schweiz zu empfangen, der die Mannschaft nach ihrem Triumph quer durch Deutschland kutschierte. Er erzählte, wie sie in den Monaten danach beinahe täglich beim Training des 1. FC Nürnberg zusahen und anschließend mit ihrem Max Morlock über das Endspiel plauderten, immer und immer wieder, bis es dämmerte und Morlock endlich zum Abendessen nach Hause durfte. Oder wie sie ihn auf dem Angestelltenparkplatz vor dem alten Stadion noch kurz vor dem Anpfiff überredeten, seine Sportsachen hineintragen zu dürfen, weil sie dann als Belohnung beim Spiel hinter dem Tor stehen konnten. Und so marschierten zehn, zwanzig, manchmal fünfzig Schulkinder mit einzelnen Schuhen, Leibchen oder den frischen Unterhosen von Morlock und anderen Akteuren der ersten Mannschaft durch den Spielereingang bis zur Heimkabine, wodurch im Innenraum des Stadions immer ein ziemlicher Betrieb herrschte, über den sich die Vereinsoffiziellen jedes Mal aufs Neue wunderten. Sie unternahmen niemals irgendetwas dagegen.

Morlock hatte eigentlich Mechaniker gelernt, in der Firma Noris-Zündlicht. Parallel dazu begann er mit dem Fußballspielen und bestach im Sturm durch so viel Talent, dass er schon mit zarten 16 Jahren bei der ersten Nürnberger Mannschaft trainieren und kurz darauf auch dort mitspielen sollte. Dann kam der Zweite Weltkrieg, und Max Morlock durfte keine Tore mehr schießen. Stattdessen wurde er eingezogen und an die Ostfront geschickt. Dort geriet er in Kriegsgefangenschaft und kam erst Ende 1945 wieder nach Hause. Aber er war am Leben, im Gegensatz zu seinem älteren Bruder, der in den letzten Kriegswochen gefallen war. Max hingegen, gerade 20 geworden, holte seine halbwegs unversehrten Fußballstiefel aus dem zerbombten Keller seines Elternhauses und begann wieder mit dem Training. Dass jemand mit solch einer bewegten Lebensgeschichte kein »Star« sein wollte, wie es damals, Mitte der 1980er, gerade Limahl von der Gruppe »Kajagoogoo«, Boy George oder Michael J. Fox aus »Zurück in die Zukunft« waren, das verstand sogar ein Kind wie ich – obwohl Morlock nicht nur in den Augen meines Vaters trotzdem einer war.

»Ach, hören Sie auf. Ich kann Ihnen doch hier nichts unterschreiben«, versuchte er das Ansinnen meines Vaters abzuwehren, sein Autogramm bitteschön auf die Rückseite meines Kindertickets zu setzen. Er hielt auch nichts von der Zurschaustellung eigener Devotionalien. Ein kleines Bild von ihm mit der Meisterschale aus dem Jahr 1961 in den Händen und ein paar braune und sonderbar klobige Fußballschuhe, die oben auf einem der Regale drapiert waren – das war alles, was in seinem verwinkelten Lottogeschäft an seine aktive Zeit erinnerte. Weil er dann aber doch nicht Nein sagen konnte und schlussendlich mit einem tiefen Seufzer und einem milden Lächeln auf der Karte unterschrieb, werde ich diese Anekdote nie vergessen.

Ich habe bei meinen Umzügen meine alten Zeugnisse weggeworfen, die Briefe meiner verflossenen Liebschaften, dummerweise einige meiner vollständigen Panini-Alben und sogar aus Versehen eine von meiner Großmutter vererbte Krügerrandmünze im Wert von über fünfhundert Euro. Aber diese ausgeblichene und an den Rändern zerfranste Karte vom Spiel Nürnberg gegen Leverkusen mit Morlocks Unterschrift hüte ich noch heute wie einen unbezahlbaren Schatz, und deshalb erinnere ich mich genau daran, wie unangenehm es ihm war, von meinem Vater derart gelobt zu werden. Er wollte nur Lottoscheine annehmen und vielleicht noch ab und zu eine Zeitung oder eine Packung Zigaretten verkaufen. So war einer der Männer, der einen nicht unwesentlichen Anteil daran hatte, einer gesamten Nation ein Stück weit ihren Stolz und ihre Zuversicht zurückzugeben.

2500 Mark erhielt jeder der WM-Teilnehmer von 1954 für den Titelgewinn, dazu ein mehrteiliges Kofferset, einen schmucken Fernsehapparat und einen Goggo-Roller, den zumindest Max Morlock aber gleich wieder verkaufte, weil ihm die Fahrt damit zu gefährlich war: Schon bei der Übergabe in Dingolfing war er während einer Proberunde versehentlich an den Hebel für Vollgas gekommen und unkontrolliert auf eine Rampe zugerast; seine Frau verletzte sich beim Sturz vom Soziussitz leicht. Zurück in Nürnberg wechselte das nett gemeinte Präsent der Hans-Glas-Werke an den Helden von Bern alsbald den Besitzer.

Natürlich war diese Prämie für damalige Verhältnisse eine Menge Geld – das durchschnittliche Monatseinkommen lag bei rund 450 D-Mark, und ein Fernseher kostete das Vierfache. Und selbstverständlich waren bekannte Fußballspieler wie Morlock schon seinerzeit im Vergleich zu Otto Normalverbraucher privilegiert, auch wenn sie allesamt nebenher einem normalen Beruf nachgingen. Der DFB hatte zwar mit der Einführung des »Vertragsspieler«-Status im Jahr 1950 für alle Vereine eine verbindliche Gehaltsobergrenze von 320 Mark festgelegt. Aber auch damals gab es Handgelder, gelegentliche Barzuwendungen nach Siegen, wertvolle Geschenke wie Uhren und Geschirrservices von Sponsoren und Mäzenen und die ein oder andere Gefälligkeit, die erst recht in keiner Bilanz auftauchte.

Aber ums Geld soll es an dieser Stelle gar nicht gehen. Sondern darum, dass Morlock und seine Mannschaftskameraden allesamt ganz normale Männer waren, die einem ganz normalen Beruf nachgingen und sowohl vor als in den meisten Fällen auch nach ihrer historischen Leistung ganz normale Leben führten und wenig mit dem Ruhm und dem Glanz zu tun hatten, der in den Wochen nach dem Finale gegen Ungarn über sie hereinbrach. Mesut Özil kann man sich schwerlich in einer Lotto-Annahmestelle vorstellen, und ebenso wenig Bastian Schweinsteiger an der Maschine in einer Werkhalle oder Benedikt Höwedes am Zapfhahn seiner eigenen Gaststätte. Für die meisten Helden von Bern aber ging selbst nach 1954 alles weiterhin seinen gewohnten Gang – mit kleineren und größeren Problemen, mit Existenzsorgen und Schicksalsschlägen und zumeist fernab des Rampenlichts.

Morlock etwa hatte den Lottoladen schon während seiner aktiven Laufbahn von den Schwiegereltern übernommen. Er garantierte ihm ein sicheres Einkommen, denn mit dem Glück gespielt wurde immer, auch und vor allem in Krisenzeiten. »Ich weiß gar nicht, was ich mit so viel Geld machen würde«, sagte der bescheidene Besitzer regelmäßig, wenn wieder einmal seiner Kunden lauthals davon träumte, was er alles mit einer Million Mark für einen Sechser mit Zusatzzahl anstellen wollte, wenn er denn nur endlich gewönne. So fristete er jahrzehntelang klaglos eine Sechs-Tage-Woche von frühmorgens bis spätabends, anfangs unterbrochen vom Fußballtraining, danach von einer kurzen Mittagspause. Und wenn in späteren Jahren doch einmal ein Fernsehsender oder ein Zeitungsreporter eine Einschätzung von ihm wollte, dann zierte er sich so lange, bis manche Journalisten ihr Ansinnen wieder aufgaben.

Ein anderer der »Helden von Bern«, Torhüter Anton Turek, war eigentlich gelernter Bäcker, was sich aber wegen des frühen Arbeitsbeginns immer wieder negativ auf seine Form auswirkte: Toni war, wenn die TuS Duisburg 48/99 nach Feierabend zum Training bat, schon seit mehr als 16 Stunden auf den Beinen und oft sehr müde. Also schulte er um, wurde Sportlehrer in der Justizvollzugsanstalt in Ulm und schloss sich 1947 der TSG Ulm an. Als er drei Jahre später das Angebot von Fortuna Düsseldorf annahm, war dieses gekoppelt an die Zusicherung, eine solide Anstellung bei der Rheinbahn annehmen zu können. Und so arbeitete der in Wankdorf zum Teufelskerl und Fußballgott ernannte Turek 27 Jahre in der Registratur des städtischen Verkehrsunternehmens und verwaltete ohne Publikumsverkehr die Aktenberge voller Kundenbeschwerden, Linienverläufe und Fahrplanwechsel, die sich im Laufe der Jahre ansammelten.

Stopper Werner Liebrich wiederum versuchte gleich von sich aus, dem Rampenlicht so gut wie möglich aus dem Weg zu gehen. »Er war eher ein Antiheld«, erinnerte sich seine Frau Anne-Marie vor einigen Jahren. Seine Heimatstadt Kaiserslautern und auch der DFB taten ihm, der stets im Schatten von Fritz Walter stand, ungewollt den Gefallen und luden ihn gar nicht erst zu Empfängen oder Ehrungen ein. Liebrich hätte das auch nie eingefordert. Der einstige Postbeamte arbeitete nach 1954 lieber in einem Schuhladen und übernahm später von seinem Ersparten ein Zeitschriftengeschäft in der Kaiserslaute-

34 | EIN SPIEL DAUERT 90 MILLIONEN

rer Eisenbahnstraße, kaufte das dazugehörige Haus und vermietete ein paar Wohnungen. »Was wir in unserer aktiven Zeit erlebt haben, hat uns geformt. Dieses Erlebnis kann uns niemand nehmen, während heute doch vieles vom Geld diktiert wird«, erzählte er einmal in einem seiner raren Interviews.

Charly Mai, in seiner fränkischen Heimat ursprünglich zum Konditor ausgebildet, zog es vier Jahre nach dem Endspiel zwar vom beschaulichen Fürth ins mondäne München, wo er neben seinem Engagement beim FC Bayern direkt am Isartor einen Zeitschriftenkiosk eröffnete. Darin verkaufte er auch Karl-May-Romane, die er gerne mal zum Scherz signierte. Durch die zentrale Lage in der Innenstadt gingen auch einige Prominente bei Charly und seiner Ehefrau Else ein und aus, und Adidas-Gründer Adi Dassler soll sogar seinen gesamten Bürobedarf von den Mais bezogen haben. Selber wollten die beiden Mais in der Öffentlichkeit aber nicht weiter in Erscheinung treten.

Verteidiger Jupp Posipal, der gelernte Maschinenschlosser, konnte seine kleine Prominenz wenigstens ein bisschen zu seinem finanziellen Vorteil nutzen: Ein Jahr nach dem Titelgewinn bekam er mehrere Angebote aus der Möbelbranche. Daraufhin wurde er Generalvertreter für Norddeutschland und baute sich eine lukrative Existenz als selbstständiger Unternehmer auf. Dass er wegen der vielen Fahrerei und der ständigen Geschäftsessen an chronischem Übergewicht litt und schließlich aufgrund dessen mit 69 sein Herz versagte, ist die tragische Pointe dieser Geschichte. »Mein Mann wollte nie das sein, was man heute einen Star nennt«, sagte seine Witwe Gisela nach seinem Tod.

Werner Kohlmeyer wusste als ausgebildeter Lohnbuchhalter einer Spinnerei eigentlich, dass man sein Geld zusammenhalten musste, wenn man nicht abstürzen wollte. Er tat es trotzdem, vor allem wegen des verfluchten Alkohols. Kohlmeyer trank mehr, als ihm guttat, verlor seinen Job, trank weiter, ging mit einem Sportgeschäft in Konkurs und endete schließlich als Pförtner am Hintereingang der »Mainzer Allgemeinen Zeitung«. »Es war vielleicht mein größter Fehler, dass ich mit dem Fußball angefangen habe«, zog er im Herbst seines Lebens eine traurige Bilanz.

Horst Eckel hatte als Lehrling bei Pfaff in Kaiserslautern von der Pike auf gelernt, wie man filigrane Werkzeuge für Nähmaschinen baut. Nach dem Ende seiner Spielerkarriere entschied er sich, auf dem zweiten Bildungsweg lieber Lehrer zu werden. Von 1973 an unterrichtete er über zwei Jahrzehnte bis zu seiner Pensionierung an der Realschule im pfälzischen Kusel Kinder und Jugendliche in den Fächern Kunst und Sport. Wenn Eckel mal öffentlich auftrat, dann vorwiegend für den guten Zweck – als Repräsentant der »Sepp-Herberger-Stiftung« zum Beispiel.

Linksaußen Hans Schäfer absolvierte seine Ausbildung im Friseursalon seines Vaters im Kölner Stadtteil Zollstock, wollte diesen aber nicht übernehmen. Stattdessen kaufte er sich von seinem Ersparten eine Tankstelle, was ihm recht krisensicher erschien. Außerdem vertrieb er nebenher Büro- und Geschenkartikel – diese Stelle hatte ihm sein Verein, der 1. FC Köln, beschafft. Wie die meisten anderen mochte Schäfer keine Ehrungen, und mit Max Morlock hatte er gemeinsam, dass er keinen Sinn darin sah, seine Unterschrift auf ein Foto von sich oder auf irgendetwas anderes zu setzen. »Es ist doch kein Heldentum, wenn ich ein Spiel gewinne – und sei es eine Weltmeisterschaft«, sagte Schäfer 2006 der »Zeit«.

Auch der ausgezeichnete Automechaniker und beinahe noch bessere Mittelstürmer Ottmar Walter versuchte sich als Tankstellenpächter, ließ sich beim Pachtvertrag aber über den Tisch ziehen und verlor sein Geschäft nach zehn Jahren wieder. Als er deshalb kurz vor dem Ruin stand und sogar über Selbstmord nachdachte, holte ihn seine Heimatstadt Kaiserslautern in ihre Verwaltung und sicherte ihm dadurch die Existenz. Die Verleihung des Bundesverdienstkreuzes im Jahr 2004 war dem »kleinen Walter« dagegen gar nicht recht. Der damalige rheinland-pfälzische Ministerpräsident Kurt Beck musste ihn regelrecht überreden, die Auszeichnung persönlich entgegenzunehmen.

36 | EIN SPIEL DAUERT 90 MILLIONEN

Nur Ottmars großer Bruder Fritz und Sturmkollege Helmut Rahn betraten auch nach der aktiven Fußball-Karriere noch gelegentlich das Rampenlicht – wenn auch der eine etwas geschickter als der andere. Fritz Walter, der bei der pfälzischen Sparkasse den Beruf des Bankkaufmanns erlernt hatte und trotzdem ein unglaubliches Angebot aus Spanien ablehnte, besaß zwar kein glückliches Händchen bei seinen späteren Investitionen: Einen Waschsalon eröffnete er just in der Zeit, als die Waschmaschine sich auch zu Hause durchsetzte, und sein eigenes Kino verlor schnell den Kampf gegen das Farbfernsehen. Trotzdem brachte es sein enormes Renommee mit sich, dass er dem Publikum auch noch lange nach 1954 in Erinnerung blieb und immer wieder in Funk und Fernsehen auftrat – etwa als ARD-Fußball-Experte bei der WM 1970. Ein von Grund auf bescheidener und bodenständiger Mann blieb der vielleicht größte deutsche Fußballer aller Zeiten dennoch, solange er lebte.

Nur der »Boss« hätte womöglich gerne etwas mehr Anerkennung abbekommen. Wie es sich für einen echten Essener gehörte, arbeitete Helmut Rahn anfangs unter Tage. Dann schlug er sich als Lkw-Fahrer durch, lernte Autoelektriker und versuchte sich im Anschluss an seine aktive Fußballzeit als Gebrauchtwagenhändler. Anfangs erzählte er gerne bei einem oder zwei Pils in seiner geliebten »Friesenstube« im Stadtteil Frohnhausen, wie er den Siegtreffer gegen den haushohen Favoriten Ungarn erzielte. Später am Abend griff er dann zum Akkordeon, um die anderen Gäste zu unterhalten. Mit den Jahren aber kränkte es ihn zunehmend, immer nur auf »dat Tor« reduziert zu werden und keine anderweitige Rolle im Fußballgeschäft einnehmen zu dürfen. »Mit dem dritten Tor fing die ganze Scheiße an«, soll er einmal einem Freund gegenüber geklagt haben. Rahn mied zunehmend die Öffentlichkeit und schottete sich konsequent ab. Nicht einmal an den Recherchen zu »Das Wunder von Bern« wollte der legendäre Rechtsaußen mitwirken; Regisseur Sönke Wortmann blitzte mit seinen Kontaktversuchen immer wieder ab. Als der Film schließlich am

15. Oktober 2003 in der Essener Lichtburg feierlich erstaufgeführt wurde, musste sich Helmut Rahn keine Ausrede mehr einfallen lassen, warum er nicht kommen mochte. Er war wenige Wochen zuvor gestorben, mit 74 Jahren.

Es erscheint ein bisschen sonderbar, dass die meisten dieser einzigartigen Männer ihre angemessene Würdigung erst nach dem Tod erfuhren: Der Lottostelleninhaber Max Morlock wurde, nachdem er mit 69 den Kampf gegen den Krebs verlor, im Beisein zahlloser Club-Anhänger bestattet. Der Bürgermeister hielt eine Rede, die Zeitungen druckten seitenlange Porträts, und heute sind das Nürnberger Stadion sowie ein großer Platz davor nach ihm benannt. Toni Turek, der im Alter von 65 Jahren einem Schlaganfall erlag, ist mittlerweile ein ganzer Waggon der Düsseldorfer Stadtbahn gewidmet, als rollendes Museum mit vielen Porträts, Dokumenten und Spielszenen sowie der Aufschrift »Turek, du bist ein Teufelskerl!«. Werner Kohlmeyer, der mit nur 49 verarmt und einsam in der Wohnung seiner Mutter starb, erhielt 60 Jahre nach dem Titelgewinn immerhin einen opulenten Gedenkstein auf dem Kaiserslauterer Friedhof. Nach Hans Schäfer, gestorben 2017, wird posthum die Südtribüne des Kölner Stadions benannt. Und das Grab von Helmut Rahn auf dem Essener Margarethen-Friedhof ist eine Pilgerstätte für Fußballfans aus ganz Deutschland und seine Stammkneipe, die »Friesenstube«, ein Wallfahrtsort. Aber vermutlich wäre ihnen allen das gar nicht recht gewesen. Selbst Fritz Walter reagierte verhalten, als der FCK als Geschenk zu Walters 65. Geburtstag anno 1985 dem Betzenberg seinen Namen gab und schlug – nach sechs Heimspielen ohne Sieg – vor, der Spielstätte doch wieder ihren ursprünglichen Namen zurückzugeben.

Es lässt sich nicht genau sagen, wann die inzwischen so bizarr anmutende Ikonisierung von Fußballspielern genau begann. Die Weltmeister von 1954 waren in jedem Fall noch nicht davon betroffen. Man könnte aber vermuten, dass das Ganze irgendwie mit Günter Netzer zusammenhing.

38 | EIN SPIEL DAUERT 90 MILLIONEN

Bevor eben dieser Netzer zur schillernden Figur wurde, waren Fußballer vielleicht etwas wohlhabender als der große Rest der Bevölkerung, medial durchaus präsent und sicherlich von vielen Menschen umschwärmt. Und natürlich gab es immer schon ein paar extrovertierte Exemplare. Bei der '54er-Generation war das Helmut Rahn – die Stimmungskanone, bei der man auf und neben dem Platz nie wusste, was als Nächstes passierte. Einmal reiste er zu zwei Länderspielen im Jahr 1958 direkt aus der Zelle an, nachdem er zu zwei Wochen Gefängnis wegen eines Unfalls unter Alkoholeinfluss verurteilt worden war. Später gab es natürlich den stets gut aufgelegten Sepp Maier, der sich beim Schnupftabak-Konsum filmen ließ, mit »Die bayerische Lorelai« 1968 eine eigene Schallplatte aufnahm, seinen Mitspielern Streiche spielte und spätabends aus dem Mannschaftshotel ausbüxte, um an einem Tennisturnier teilzunehmen. Nicht zu vergessen Paul Breitner, der mit Anfang 20 samt Mao-Bibel posierte und sich als Anhänger Che Guevaras inszenierte. Manchmal reichte auch schon ein einziger Satz, um einen Ruf als Rampensau zu manifestieren: Willi Lippens' Antwort »Ich danke Sie«, nachdem er vom Schiedsrichter im Spiel Essen gegen Herne mit dem Satz »Ich verwarne Ihnen« mit Gelb bedacht wurde, brachte ihm einen Platzverweis ein – und lebenslange Berühmtheit. Selbst unter den überdurchschnittlich begabten deutschen Fußballspielern waren die meisten eher biederer Natur. Musterexemplare waren zum Beispiel Mönchengladbachs Hans-Hubert »Berti« Vogts, HSV-Vorstopper Willi Schulz oder Bremens Horst-Dieter Höttges. Ebenso Eintracht-Stürmer Jürgen Grabowski, der folgerichtig nach seiner Karriere den Beruf ausübte, nach dem er immer schon aussah, nämlich Versicherungsvertreter. Auch Uwe Seeler war zwar als Fußballer eine »Legende«, gleichsam galt er aber nicht nur den Hamburgern als Inbegriff von Bodenständigkeit, wozu eben seinem freundlichen Wesen auch die Tatsache beitrug, dass er ein Angebot aus Mailand in Höhe von 1,2 Millionen Mark ablehnte, weil er seine geliebte Heimatstadt nicht verlassen wollte. Selbst Franz Beckenbauer, stets begleitet von Kameras und Mikrofonen, strahlte mit seiner bayerischen Bodenständigkeit weniger die Aura einer Lichtgestalt aus, sondern eher die eines zuverlässigen Bankangestellten – was er einst ja auch gewesen war.

Dann aber betrat Mitte der 1960er ein Spieler die Bundesligabühne, der anders als die anderen war und sich auch so inszenierte: Günter Netzer. Direkt von der Handelsschule stürmte er auf den Fußballplatz, betrieb in seiner Heimatstadt Mönchengladbach nebenher eine Diskothek namens »Lover's Lane« und ließ in Sachen Lebensstil und Extravaganz Mannschaftskameraden wie Horst Köppel oder Herbert Wimmer wie Ministerialbeamte aussehen.

Um sich einen schnittigen Porsche 911 Coupé kaufen zu können, als andere brave Spitzenverdiener noch einen Opel Record fuhren, verkaufte der junge Günter Netzer in der Kabine Versicherungen an seine Mitspieler und strich vom Konzern, so munkelt man, die Provisionen ein. Er stolzierte im Pelzmantel, mit Schmuck und Stehkragen zum Mannschaftsbus, wenn der Rest der Truppe im blauen Trainingsanzug auflief. Er trug enge Hosen, als enge Hosen angesagt waren, und ausgestellte Hosen, als ausgestellte Hosen modern wurden. Und dann diese Frisur, diese unglaubliche Frisur, die Frauen schwach, Männer neidisch und Angehörige der vorherigen Generation, in der lange Haare bei Männern bestenfalls noch als unschicklich galten, fassungslos werden ließ. Im Vergleich zu den meisten Kollegen betrachtete Netzer das Dasein als Profisportler nicht als Arbeit, so wie die meisten Kicker vor ihm – weil ja auch der Fußball an sich ursprünglich eine reine Arbeitersportart war. Er jedoch sah darin ein elegantes, spannendes, bisweilen kapriziöses Spiel, für das man weniger Disziplin als vielmehr Freude und Enthusiasmus benötigte – und sogar einen kleinen Hau haben dufte, ganz wie ein Künstler eben.

Und so handhabe es Günter Netzer, der erste deutsche Popstar unter den Fußballern, auch außerhalb des Platzes. Er war ein Pimp, ein Poser, ein Freigeist, der nur deshalb unangreifbar war mit all seinen peinlichen Spleens, weil er verdammt gut spielte – sogar, wenn er sich dafür selbst einwechseln musste. Und er war der erste, der mit seiner Freundin und späteren Gattin Elvira eine Spielerfrau präsentierte, die ebenfalls etwas von publikumswirksamen Inszenierungen verstand und bei offiziellen Anlässen Kleider trug, die sie ganz sicher in die Klatschspalten brachten. Netzer schoss mit seinen schnellen Autos und den irrwitzigen Marotten sicherlich öfter mal über das Ziel hinaus. Aber er war schlau genug, um zu wissen, dass er damit nicht nur den eigenen Nimbus festigte, sondern auch den Marktwert.

Nach dem Bundesligaskandal Anfang der 1970er-Jahre war man noch über jeden Einzelnen froh gewesen, der sich für diesen abgewirtschafteten Sport interessierte. So sanken die durchschnittlichen Zuschauerzahlen in der Bundesliga von einst über 27 000 bis 1973 auf gerade mal etwas über 16 000 pro Spiel – da konnte es sich kein Klub leisten, seine Anhänger durch überzogene Allüren seiner Angestellten zu verprellen, von einzelnen Paradiesvögeln wie Netzer mal abgesehen. Erst als Deutschland 1974 zum zweiten Mal den WM-Titel gewann, setzte eine Entwicklung ein, während der sich die Darsteller immer weiter vom Publikum entfernten. Der Fußball wurde nach und nach zu einem riesengroßen Zirkus, mit Artisten und Clowns und Künstlern in der Manege einerseits – und den Schaulustigen auf den Rängen andererseits, die staunend zusahen, was da unten passierte. Das war insofern erstaunlich, weil es rein sportlich immer noch um das Gleiche ging wie vor hundert Jahren, als der Fußball von England aus auch Deutschland eroberte: 22 verschwitzte Männer versuchen, einem Lederball hinterherzujagen und ihn im Tor des Gegners unterzubringen.

Spätestens Ende der 1980er-, Anfang der 1990er-Jahre begann der Starkult um unsere Fußballspieler befremdlich zu werden. Klar, Kalle Rummenigge konnte nichts dafür, dass das britische Musikduo »Alan und Denise« ihm – beziehungsweise seinen Knien – 1983 ein eigenes Lied widmete, das europaweit die Hitparaden stürmte. Aber die mediale Präsenz des Sports nahm nun noch weiter zu, und damit stieg zwangsläufig auch die Popularität der Spieler. So veröffentliche die

»Bravo« jetzt vor jedem großen Turnier eine Posterserie mit den Nationalspielern. Deren Porträts waren nicht mehr nur in den Panini-Sammelalben zu finden, sondern auch in den Packungen von Schokoriegeln, auf Duschgels oder auf der Rückseite von Bierflaschen. Es gab plötzlich lebensgroße Werbeaufsteller in Supermärkten und eigene Produktlinien – von Softdrinks bis zum Rasierzubehör. Wurde Franz Beckenbauer einst noch dafür belächelt, dass er vor der Kamera etwas irritiert und wenig glaubhaft in einer Knorr-Suppe herumrührte, waren werbende Leistungssportler schon bald eine Selbstverständlichkeit. Fußballer, die bis dahin eher wie gute Bekannte wirkten, mit denen man auch mal ein Bierchen trinken konnte, wenn man sie denn traf, wurden immer unnahbarer und unerreichbarer.

Weil sie zunehmend von Journalisten belagert wurden und somit unter ständiger Beobachtung durch die Öffentlichkeit standen, begannen schließlich sogar die Vereine, sich mehr und mehr abzuschotten. Als ich in den Achtzigerjahren zum Fan wurde, schien es bereits undenkbar, vor dem Stadion auf die Spieler zu warten und ihnen als Gegenleistung für freien Eintritt ihre Ausrüstung hineinzutragen – so wie es mein Vater noch bei Max Morlock und seinen Mannschaftskameraden machen konnte. Selbstverständlich stellten die Spieler ihre Autos lange vor dem Anpfiff auf einem abgesperrten Bereich des Klubheimes ab und wurden dann mit dem Mannschaftsbus zum Spiel gefahren. Als kleiner Zaungast konnte man da schon froh sein, wenn durch die Gitterstäbe, die den Spielereingang vom Rest des Stadions trennten, ein Autogramm oder ein kurzer Händedruck heraussprang. Rudi Kargus strich mir einmal vor einem Spiel wohlwollend über den Kopf, und obwohl der Mann in jener Saison sagenhafte 85 Gegentore kassierte, vermied ich es daraufhin vier Tage lang, mir die Haare zu waschen.

Das aber ist nun auch schon mehr als dreißig Jahre her. Der Fußball von heute hat wenig mit dem Sport von 1984 zu tun und rein gar nichts mit dem von 1954, weder auf dem Platz noch daneben.

42 | EIN SPIEL DAUERT 90 MILLIONEN

In den Bundesligavereinen kümmert sich inzwischen eine Armada von Presse- und PR-Mitarbeitern darum, dass auf keinen Fall unverfälschte und deshalb unerwünschte Äußerungen in den Zeitungen und Magazinen erscheinen. Die verrauchten Kneipen, in denen sich Spieler und Journalisten früher zum konstruktiven Austausch bei ein paar Asbach-Cola trafen, gibt es nicht mehr. Stattdessen werden einzelne Spieler an eigens dafür eingerichteten Medienterminen vorgeführt, auf denen sie dann artig einstudierte Nichtigkeiten zum Besten geben. Und Interviews werden vor der »Freigabe« gerne mal bis zur Unkenntlichkeit redigiert, so wie bei Leipzigs Sportchef Ralf Rangnick, dessen Gespräch mit dem »Playboy« von den Red-Bull-Verantwortlichen derart verfremdet wurde, dass sich die Zeitschrift Anfang 2018 weigerte, es abzudrucken, und die Zensur öffentlich machte. Dabei sollte man meinen, dass ein mündiger Erwachsener, wie Rangnick nachweislich einer ist, weiß, was er erzählt, aber dem ist anscheinend nicht so. Eine derart dreiste Einflussnahme auf die Meinung eines Übungsleiters hätte ein Pressesprecher mal bei Max Merkel, Ernst Happel oder Udo Lattek versuchen sollen. Er hätte vermutlich noch am selben Tag seine Entlassungspapiere erhalten. Die Spieler, die sich anfangs allenfalls als brave Arbeiter verstanden, deren Talent es ihnen zufällig ermöglichte, ein paar Mark dazuzuverdienen, sind mittlerweile millionenschwere Ein-Mann-Unternehmen, die penibel darauf achten müssen, im Idealfall eine eigene Marke zu kreieren und anschließend zu pflegen, um die Wertschöpfung aufrechtzuerhalten. Die meisten Stars von heute haben folglich nicht mehr viel am Hut mit denen, die ihnen am Wochenende zujubeln, und schon gar nichts mehr mit ihnen gemeinsam. Fast wirkt es so, als stünden nicht mehr gewöhnliche Menschen auf dem Aufstellungsbogen, sondern Außerirdische, die für eine Zeitlang auf der Erde Station machen, um dann einen Planeten weiterzuziehen. Einen goldenen Lamborghini hatte man in Dortmund vor der Ankunft von Pierre-Emerick Aubameyang jedenfalls noch nie gesehen, und beim Einbiegen in die Strobelallee, bei der Fahrt in Richtung der Trainingsplätze, sah es tatsächlich jedes Mal so aus, als sei dort gerade ein Raumschiff im Anflug.

Die vielleicht größten Ärgernisse in diesem Zusammenhang sind, man muss es leider so sagen, das verfluchte Internet und die sozialen Medien. Sie ermöglichen überhaupt erst die »Markenpflege«, die man augenscheinlich benötigt. Schließlich will von der heutigen Spielergeneration keiner mehr sein Leben lang bei einem einzigen Verein versauern, wie das beispielsweise die aus heutiger Spielersicht so bemitleidenswerten Herren Karl-Heinz Körbel (Eintracht Frankfurt), Thomas Schaaf (Werder Bremen) oder Michael Zorc (Borussia Dortmund) viele Hundert Spiele lang taten. Allerdings: Um für seine Fans, vor allem aber für besser betuchte Konkurrenzvereine interessant zu bleiben, muss man eben Material liefern, auch wenn man eigentlich gar nichts zu sagen hat. Denn obwohl die chronische Mitteilungsbedürftigkeit auch und gerade in der Fußballbranche durch das rund um die Uhr aktive Netz immer weiter zugenommen hat, vermisst man doch eine gewisse Substanz bei Aussagen und Inhalten. Anecken jedenfalls, das möchte heute offenbar kein Kicker mehr.

Früher reichte dagegen eine kleine Anekdote, um dauerhaft unvergessen zu bleiben: St. Paulis Walter Frosch lieferte die besten Leistungen nach seinen berüchtigten Kneipentouren auf dem Kiez und gab nach einem Freundschaftsspiel schon mal ein Interview mitsamt einer Schachtel Kippen im Stutzen, weil er bei seiner Einwechslung nicht wusste, wo er die Zigaretten so schnell hinstecken sollte. Wolfgang Kleff legte bei seiner Ehrenrunde nach dem erzwungenen Abschied aus Düsseldorf im Jahr 1984 einen Striptease hin und zeigte den Honoratioren vor der Haupttribüne seinen nackten Hintern. Wolfram Wuttke soll aus Rache seine Notdurft im Bett des damaligen DFB-Jugendkoordinators Berti Vogts verrichtet haben und dementierte als Spieler in Kaiserslautern den verbotenen Besuch eines Weinfestes glaubhaft mit dem Argument, er sei schließlich passionierter Biertrinker. Uli Stein streckte im Supercup-Finale 1987 mit einem Faust-

44 | EIN SPIEL DAUERT 90 MILLIONEN

schlag den verhassten Bayern-Angreifer Jürgen Wegmann nieder und wurde danach vom HSV entlassen – und für die Fans unsterblich. Lauterns Mario Basler setzte sich 2001 beim Stand von 5:1 gegen den FC St. Pauli bei einem Eckball den Pepitahut eines Ordners auf, kassierte Gelb wegen Unsportlichkeit und ging so in die Annalen des FCK ein. Thorsten Legat verteidigte sich während seiner Zeit beim VfB Stuttgart mit einem Samuraischwert gegen eine Gruppe aufgebrachter Fans. Und Ansgar Brinkmann brachte, weil er keinen Aufpasser für ihn gefunden hatte, in Bielefeld seinen Hund »Gin« mit in die Kabine und Trainer Benno Möhlmann auf die Palme. Das alles sind nette Geschichten, über die wir immer noch gerne lachen – heute jedoch wirken sie wie aus der Zeit gefallen, weil sie analog erlebt und erzählt wurden und nicht viral in Echtzeit um eine Welt gingen, die sie morgen schon wieder vergessen hat.

Durch die ständige Verfügbarkeit von Informationen und Bildern und die Hatz nach dem nächsten Hype ist spätestens seit dem Auftauchen von Spielertypen wie David Beckham oder Freddie Ljungberg nichts mehr, wie es einmal war. Beckham wechselte monatlich seine Frisuren und heiratete ein »Spice Girl«, Ljungberg machte Werbung für Designer-Unterhosen und lief bei Modenschauen mit. Von der immer gleichen Matte mal abgesehen, posierte zwar auch Günter Netzer mit mal mehr und mal weniger Kleidung am Leib und brachte seine Elvira überallhin mit. Allerdings mit dem Unterschied, dass er und seine Nachfolger nicht in der Regenbogenpresse, sondern vorwiegend im »Kicker«, der »Sport-Illustrierten« oder im »Reviersport« auftauchten; dort, wo Fußballer auch hingehörten. Beckham, Ljungberg und Co. aber trieben die Inszenierung ihres Sports endgültig auf die Spitze. Der globale Star war geboren. Und die Nachahmer ließen nicht lange auf sich warten. Durch die rasante Verbreitung der Bilder und den entsprechenden Vorbildcharakter war es nicht mehr zu vermeiden, dass sich selbst Kreisklassenverteidiger plötzlich einen Irokesen schneiden, goldene Ohrringe stechen oder die eigene Rückennummer in den Nacken rasieren ließen – nur, weil sie das bei irgendeinem Aufschneider von Arsenal, Real oder Inter gesehen hatten. Mir konnte jedenfalls noch niemand plausibel erklären, was schick daran war, als jeder dritte Feldspieler auf einem beliebigen Ascheplatz in der A-Klasse mit einem Dutt herumlief, nur weil Gareth Bale während der letzten Europameisterschaft einen trug. Die Haarschnitte mochten vor dreißig Jahren vielleicht auch nicht gerade der Gipfel des guten Geschmacks gewesen sein, aber damals orientierten sich wenigstens die Fußballer an der Mode – und nicht die Mode an den Fußballern. Und das war besser so!

Heute hat Cristiano Ronaldo, der unangefochtene Marktführer unter den Gecken, rund fünfzig Millionen Follower allein bei Twitter, was ihn für die globale Werbebranche nahezu unbezahlbar macht. Wenn er zwischen seinen selbst gefertigten Oberkörperansichten und all den sonstigen zur Schau gestellten Eitelkeiten auch mal einen neuen Fußballschuh empfiehlt, verkauft Nike am nächsten Tag mehrere Hunderttausend Paar auf einen Schlag, was dem US-Sportartikelhersteller immerhin eine Milliarde Dollar für fünf Jahre wert war.

Natürlich sind diese Zahlen noch immer die Ausnahme. Aber auch ein durchschnittlicher Bundesligaprofi muss dem ungeschriebenen Gesetz des Internets folgen, wonach Inaktivität gleichzusetzen ist mit Tod. Wer also dauerhaft im Gespräch bleiben möchte, muss seinen paar Hunderttausend Beobachtern regelmäßig etwas bieten. Aus diesem Grund dürfen wir uns per Onlinekanal regelmäßig an Karibikurlauben mit Modelfreundin, an ausgiebigen Shopping-Touren mit der versammelten Entourage oder auch nur an 360-Grad-Ansichten des neuen 450-PS-Sportwagens erfreuen. Nur folgerichtig posiert Jérôme Boateng für seine vier Millionen Anhänger gefährlich dreinblickend mit dem amerikanischen Rapper Jay-Z und wirkt dabei eher wie ein Musiker aus der Hip-Hop-Szene als wie ein Leistungssportler. Weitere Beispiele aus der Socia-Media-Welt: Marco Reus teilt die liebestrunkenen Geburtstagswünsche an seine derzeitige Herzensdame mit fast

46 | EIN SPIEL DAUERT 90 MILLIONEN

sechs Millionen Nutzern; Kevin Trapps brasilianische Freundin gibt auf YouTube ein paar Millionen Unbekannten ungefragt bekannt, wie oft sie und ihr deutscher Torwart sich pro Woche der körperlichen Liebe hingeben; Manuel Neuer erlaubt seinen beinahe neun Millionen Anhängern gelegentliche Einblicke in sein Traumhaus am Tegernsee.

Dafür, dass sich Mario Götze unlängst unmittelbar vor einem Spieltag in einem Düsseldorfer Schönheitssalon bei der kosmetischen Gesichtsbehandlung fotografieren ließ, hätte er vor zwanzig Jahren nicht ein paar Hunderttausend Likes kassiert – sondern von den Mitspielern eine auf die Zwölf und von den gegnerischen Fans neunzig Minuten lang nicht jugendfreie Sprechchöre. Solcherlei private Peinlichkeiten wären ja nicht einmal bei Lothar Matthäus vorstellbar gewesen, zumindest nicht während seiner aktiven Karriere: Bei ihm fingen die öffentlichen Blamagen wenigstens erst nach der Karriere an. Fingerspitzengefühl hin oder her, soll die gegenwärtige Informationsflut aus dem Spieleralltag vermutlich assoziieren: Seht her, ihr, die Fans, seid ein Teil unseres Lebens!

Miteinander zu tun haben wir aber trotzdem nichts mehr, unsere Stars und wir.

Wahrscheinlich passiert das Popstargehabe in den meisten Fällen nicht einmal absichtlich, sondern irgendwie automatisch, wenn man jung ist und viel Geld verdient und nicht weiß, was man nach eineinhalb Stunden Auslauftraining und einer 30-minütigen Massage machen soll. Allerdings ist dadurch eine regelrechte Parallelgesellschaft entstanden: Ein paar Hundert Überprivilegierten stehen Fans gegenüber, die durch all die Fernsehbilder, Zeitungsartikel, Facebookposts und Instagramfotos meinen, eben diese Menschen zu kennen, die Woche für Woche im Rampenlicht der Arenen stehen und für das Spektakel sorgen. Doch der Eindruck täuscht: Wir haben noch nie so wenig über unsere Fußballer gewusst wie heute. Und unsere Fußballer wiederum können gar nichts mehr von uns wissen – von Menschen, die zum Teil um sechs Uhr früh aufstehen müssen und den ganzen Tag in einer Fabrikhalle stehen, oder für die es jedes Mal aufs Neue eine Herausforderung ist, von zwölfhundert Euro netto im Monat eine Miete zu bezahlen und zwei Kinder zu ernähren.

Dazu eine harmlose Geschichte: Ein sehr bekannter Friseur aus München erzählte mir einmal voller Stolz, dass die halbe Mannschaft des FC Bayern im Wochenabstand in seinen Salon komme, um sich einen rund achtzig Euro teuren Haarschnitt verpassen zu lassen – selbst, wenn es eigentlich gar nichts zum Schneiden gibt, weil ein Haar selbst bei einem Leistungssportler nur rund 0,3 Millimeter pro Tag wächst. »Die sind aus purer Langeweile hier – und meistens immer direkt vor dem Spieltag, wegen der Nahaufnahmen im Fernsehen und damit sie etwas zum Posten haben«, berichtete der stolze Stylist, der außerdem einen speziellen Haarwachs kreiert hat, damit die Fußballerfrisur auch neunzig besonders intensiven Minuten standhält. Seit ich einmal Marco Reus nach einer Regenschlacht beim TV-Interview mit exakt derselben Frisur sah, wie er sie vor dem Spiel getragen hatte, vermutete ich bereits, dass es irgendein Wundermittel für Fußballerhaare geben müsste. Trotzdem hielt ich die Aussage des Saloninhabers zunächst für einen Witz – bis er mich aufklärte: Der Fußballprofi-Haarwachs ist vollkommen real – und kann sogar von uns Nicht-Profifußballern für zwanzig Euro pro Döschen käuflich erworben werden. Nie habe ich den guten alten Vokuhila, wie ihn meine Achtziger-Helden trugen, mehr vermisst als in diesem Moment.

Vermutlich aber – das zur Ehrenrettung der Bayern- und vermutlich auch der meisten anderen modebewussten Fußballprofis – würden auch die meisten von uns alle paar Tage zum Friseur gehen, wenn wir nicht wüssten, was wir mit unserer Zeit und unserem Geld anfangen sollen. Jedenfalls bietet eine 15-Stunden-Woche bei vollem Lohnausgleich sicherlich genug Raum für anderweitige Aktivitäten. Nur so ist es wohl zu erklären, dass ein Vertreter der obersten Gehaltsstufe wie Aubameyang in seiner Zeit beim BVB einen freien Tag für einen Shopping-Ausflug mit seiner Entourage nach Mailand nutzte, im Privatjet. Nun mag man einem erfolgreichen Spieler so man-

48 | EIN SPIEL DAUERT 90 MILLIONEN

ches verzeihen, vielleicht sogar ein Gehalt jenseits dessen, was der Vorstandsvorsitzende eines DAX-Konzernes mit mehreren Tausend Angestellten verdient. Aber wer sich für 14 000 Euro am Tag ein Flugzeug chartert, nur weil die Dortmunder Innenstadt nicht ausreichend Einkaufsmöglichkeiten offeriert, bei dem stellt sich dann schon die Frage, ob noch alle Rädchen ineinandergreifen.

Und das Schlimmste daran ist, dass viele Kicker meinen, derlei Extravaganzen auch noch der halben Welt mitteilen zu müssen. Bei den meisten Profivereinen gilt deshalb inzwischen ein striktes Smartphoneverbot wenigstens in der Kabine, weil die Trainer das andauernde Bespielen der verschiedenen Onlinekanäle durch ihre Zöglinge nicht mehr ertragen wollen – und der altmodischen Meinung sind, man müsste nicht wenige Minuten vor dem Spiel noch den aktuellen Stand seines Aktiendepots überprüfen, die neueste automobile Errungenschaft posten oder den gestählten Oberkörper für die weiblichen Fans in Szene setzen. Dass Jupp Heynckes bei seinem abermaligen Amtsantritt bei Bayern München erst mal darauf hinweisen musste, Pünktlichkeit und Höflichkeit seien im Sport oberste Tugenden, darf ebenfalls durchaus als alarmierendes Zeichen empfunden werden. »Viele Spieler verlieren den Fokus und vergessen, was ihr eigentlicher Job ist«, urteilte auch Xabi Alonso, als er nach seinem Karriereende darauf angesprochen wurde, was er von sozialen Netzwerken hielte.

Der Körperkult und dessen ständige Zurschaustellung jedenfalls haben auch in der Bundesliga beängstigende Ausmaße angenommen. In Zeiten, in denen kaum ein Zweitligaprofi ohne großflächige Tätowierungen auskommt und mancher sogenannte Star eher einem Maori-Krieger als einem gewöhnlichen Mittelfeldspieler ähnelt, muss man ein Tattoo des Briten Wayne vermutlich sinnbildlich verstehen: Auf Rooneys rechtem Unterarm steht auf rund zwanzig Zentimetern Länge der Satz »Just Enough Education To Perform«, also auf Deutsch »Gerade genug Ausbildung, um zu spielen«. Dem ist wenig hinzuzufügen.

Außer der überbordenden Geltungssucht scheint die Langewei-le, die einen andauernd zum Friseur, in Mailänder Luxusläden oder ins Tattoo-Studio zwingt, auch noch einem gewissen Sittenverfall Vorschub zu leisten. Natürlich ging der ein oder andere testosteron-überschüssige Kicker auch schon vor Jahrzehnten nach einem befrei-enden Heimsieg in den Puff, doch inzwischen scheint aus einzelnen Ausflügen ins Milieu ein ganzer Geschäftszweig geworden zu sein. So gibt es nach Auskunft eines bekannten und noch aktiven Erstligama-nagers in großen Städten wie Berlin, Hamburg oder Köln und ver-mutlich auch woanders Bordelle, die sich eigens auf den regelmäßigen Besuch von Fußballspielern spezialisiert haben; mit separaten Ein-gängen und abgeschotteten Zimmern, damit die Star-Kicker nicht auf dem Flur einem ebenso liebeshungrigen Fan über den Weg laufen. Die Fotos und sexuellen Vorlieben der käuflichen Damen würden dann unter den Spielern ausgetauscht wie früher auf den Schulhöfen die Panini-Bilder. Dabei muss ein Fußballprofi für Sex doch eigentlich gar kein Geld ausgeben: Hatte Max Morlock einst ein schlechtes Gewis-sen, weil er zu spät zu Gattin Inge zum Abendessen kam, nachdem er sich wieder vor dem Stadion mit ein paar Anhängern verquatscht hat-te, warten heute in den abgesperrten VIP-Bereichen der Diskotheken die Fußballer-Groupies – etwas, das es dereinst nur bei Popidolen wie den »Rolling Stones« gab. »Ich kenne so gut wie keinen Spieler, der seiner Frau treu ist«, sagt der desillusionierte Fußballfunktionär, der immer wieder staunt, wie die nahezu wöchentlich betrogenen Ehe-frauen bei Weihnachtsfeiern und Mannschaftsabenden gute Miene zum bösen Spiel machen. Wenn sie nicht ohnehin nur dazu dienen, die wahre sexuelle Ausrichtung zu verschleiern – wie beispielswei-se bei einem sehr bekannten Bundesligaprofi, der mit seiner schö-nen Scheingattin in der schmucken Villa zusammenwohnt und sich abends ganz offen mit seinem Lebensgefährten trifft. Das ist dann aber tatsächlich ausschließlich seine Privatsache.

Derweil würden in den Zimmern der Teamhotels außerdem bei so mancher Auswärtspartie Tausende Euro beim Online-Poker oder

50 | EIN SPIEL DAUERT 90 MILLIONEN

seltsamen Wetten verzockt, gab der frühere Bundesligaprofi René Schnitzler vor einigen Jahren glaubhaft zu Protokoll. Schnitzler, der wegen seiner Spielsucht seine Karriere runierte, erinnerte sich auch an eine Begebenheit bei seinem einstigen Verein Bayer Leverkusen, als ein Nationalspieler die Mannschaftskameraden am Flughafen dazu aufforderte, jeweils 500 Euro in seinen Hut zu werfen. Derjenige, dessen Koffer als erstes auf dem Rollband erschien, sollte den Jackpot von knapp 10 000 Euro bekommen.

Wenn ich heute im Stadion sitze – mit solch unappetitlichen Geschichten wie den gerade erzählten im Hinterkopf – und die Jungs da unten beobachte, von denen im nächsten Jahr die Hälfte ohnehin woanders spielen wird, überlege ich mir gelegentlich, was ich wohl zu einem von ihnen sagen würde, wenn ich ihn träfe. Und dann muss ich mir eingestehen, dass ich es nicht wüsste. Ich trage andere Kleidung und einen anderen Haarschnitt. Ich bin weder an beiden Armen tätowiert, noch treibe ich mich mit Models herum, und einen VIP-Bereich in einem Klub oder einer Szene-Bar habe ich noch nie von innen gesehen. Ich fahre auch keinen Porsche in Mattschwarz und keinen Bugatti in Silber. Stattdessen stehe ich wie die meisten anderen Leute in meinem Block jeden Morgen um sieben Uhr auf, gehe zur Arbeit, komme abends ermattet nach Hause und bin froh, wenn wir bei der Jahresstromablesung ausnahmsweise sechzig Euro zurückbekommen, der 1. FC Nürnberg die Dauerkartenpreise nicht erhöht und das Benzin gerade billig ist. Einmal habe ich auf dem Weg in den Österreichurlaub Oliver Kahn an einer Autobahntankstelle getroffen, das war kurz nach der Weltmeisterschaft 2006. Wir standen minutenlang nebeneinander an der Zapfsäule, und ich hätte ihn so vieles fragen können – Kahn war und ist sicherlich ein interessanter Mann, der viel zu erzählen hätte. Aber ich stand nur sprachlos da und habe darüber gestaunt, dass so jemand wie er seinen feuerroten Ferrari ebenfalls gelegentlich betanken musste. Vielleicht dachte ich ja, dass er fliegen kann.

Heute ärgere ich mich nicht mehr darüber, dass ich Kahn nicht angesprochen habe. Ich ärgere mich aber sehr wohl, dass ich nicht öfter zu Max Morlock in den Lottoladen gegangen bin und mich wenigstens ein Mal länger mit ihm unterhalten habe. Was wären das im Gegensatz zur gegenwärtigen, belanglosen Fußballwelt für spannende Geschichten gewesen, die ich womöglich allesamt hätte aufschreiben können! Mein Vater kaufte zwar immer mal wieder unsere Eintrittskarten dort, aber ich traute mich nie zu fragen, wie sich das alles damals zugetragen hatte im Jahr 1954, mit Sepp Herberger und Fritz Walter und Helmut Rahn und all den anderen Helden von Bern. Oder wie es sich 1961 anfühlte, bei der vorletzten Nürnberger Meisterschaft, die Morlock fast im Alleingang gewonnen hatte. Mich hätte auch brennend interessiert, wie man einerseits eine so große Berühmtheit sein und andererseits immerfort in seinem Laden stehen konnte – tagaus, tagein, fast vierzig Jahre lang.

Ich habe Max Morlock ebensowenig angesprochen wie Oliver Kahn. Nicht, weil ich zu großen Respekt vor Morlock hatte oder er unnahbar auf mich wirkte. Der Grund ist viel simpler: Morlock hatte, anders als die Fußball-Popstars von heute, schlichtweg permanent etwas zu tun.

WEIL WORMATIA WORMS DAS GELD AUSGING
ODER: DAS ZEITALTER DER SPONSOREN

Auch wenn der Rest meiner ersten Saison als Fußballfan in sportlicher Hinsicht alles andere als befriedigend verlief und selbst Max Morlock bei unseren vierzehntäglichen Eintrittskartenkäufen in seiner Lotto-Annahmestelle vor jedem weiteren Spieltag mehr Mitleid mit uns verspürte, verfiel ich meiner neuen Leidenschaft mit Haut und Haar. Ich riss das Paolo-Rossi-Poster von meiner Wand und hängte stattdessen ein Mannschaftsbild des 1. FC Nürnberg auf, das ich aus dem »Kicker«-Sonderheft 1983/1984 ausgeschnitten hatte. Weil ich aber beschlossen hatte, diese Hefte fortan zu sammeln und ein Exemplar mit einer fehlenden Seite für eine anständige, von mir in den nächsten vermutlich dreißig, vierzig Jahren aufzubauende und am Ende sicher wertvolle Sammlung nicht hinnehmbar schien, sparte ich mehrere Taschengeldwochen lang und kaufte mir für fünf Mark ein zweites Exemplar. Dieses schlug ich in Folie ein und rührte es nie wieder an. Neben dem Poster befestigte ich die Stecktabelle aus dem für den Gebrauch freigegebenen Heft und aktualisierte sie Woche für Woche, obwohl der FCN ab diesem Zeitpunkt den letzten Platz nicht mehr verließ. Außerdem konnte ich ohne weiteren Wertverlust am

Gewinnspiel teilnehmen, für das man einen Coupon ausfüllen und an den »Kicker« senden musste. Es wurden zehn Toshiba-Stereo-Farbfernseher verlost, und es wäre der absolute Oberknüller gewesen, ein eigenes TV-Gerät zu besitzen, aber daraus wurde natürlich nichts.

Noch heute handhabe ich es so, dass ich jedes Jahr vor Saisonbeginn zwei Ausgaben kaufe – eine zum Lesen und eine zum Sammeln, und obwohl es das »Kicker«-Sonderheft natürlich längst auch für das iPad gibt und man auf diesem tolle Videos und interaktive Rankings und ähnlich neumodischen Kram anschauen kann, würde ich nie die gedruckte gegen die digitale Version tauschen. Sollte der »Kicker« also jemals auf die Idee kommen, das Sonderheft aus Papier dem Zeitgeist zu opfern, werde ich mich vor der Redaktion in der Nürnberger Badstraße anketten und so lange in den Hungerstreik treten, bis die Druckwalzen wieder anlaufen. Das aber nur am Rande.

Darüber hinaus besaß ich mittlerweile noch eine weitere Devotionalie, die meine Liebe zum 1. FC Nürnberg auch für Außenstehende sichtbar machte: eine Wollmütze, die mir meine Großmutter gehäkelt hatte. Sie war rot-schwarz gestreift und trotz ihrer groben Maschen kuschelig warm; ein rot-schwarzes Unikat aus Liebe und Schafswolle, das wie angegossen passte. Diese Mütze war für mich der ultimative Fanartikel, und nie wäre ich auf die Idee gekommen, dass es für solcherlei Produkte aus industrieller Fertigung einmal einen riesigen Markt geben würde, der dreistellige Millionenumsätze generierte.

Zur damaligen Zeit gab es auch noch keine Fanshops, jedenfalls bei uns in Nürnberg nicht. Stattdessen verkaufte der Verein seine wenigen Andenken wie Schals, Aufnäher oder Aufkleber in einem kleinen und namenlosen Anbau an der Geschäftsstelle, in dem zwei Hausfrauen ansonsten die übrig gebliebenen Eintrittskarten nach Blöcken getrennt in verschiedene Holzkästchen sortierten. Mein Vater und ich fuhren vor der Partie gegen Bayern München ausnahmsweise dorthin, weil man als Kunde direkt vor der Tür parken konnte und es nur ein paar Schritte zum Stadion waren. Das war unter langjährigen Anhängern ein echter Geheimtipp und zudem näher als vom kostenpflichtigen Großparkplatz aus, und weil ausnahmsweise mal mehr als 12 oder 13 000 Zuschauer erwartet wurden, war die Gelegenheit günstig.

Anfang der 1980er-Jahre begannen die meisten Vereine langsam das finanzielle Potenzial zu erkennen, das im Verkauf von Fanartikeln lag. Zwar sah man im Stadion noch vorwiegend selbst gestrickte Schals und Mützen, wie ich sie trug, aber es gab schon eine Reihe professionell hergestellter Produkte, die man normal kaufen konnte. Im nur an zwei Tagen pro Woche geöffneten FCN-Laden waren dies zum Beispiel die Autogrammkarten der Spieler, das Mannschaftsbild, das ich schon aus dem »Kicker« kannte, allerdings deutlich größer, der Wimpel mit den Jahreszahlen vergangener Triumphe – und ein paar zusammengerollte Fahnen, die in einem Eimer steckten und von denen ich gerne eine besessen hätte. Meine Meinung war, dass mich erst eine Vereinsfahne zu einem richtigen Anhänger machen würde, der etwas zur Atmosphäre im Stadion beitrug – selbst, wenn das vermutlich Ärger mit den Leuten gab, die hinter uns standen oder saßen. Zwischen den Spieltagen könnte ich die Fahne dann öffentlichkeitswirksam in meinem Zimmer drapieren, sodass man im Idealfall sogar vom Gehweg vor unserem Haus aus sehen konnte, zu welcher Mannschaft ich hielt.

»Also, so was brauchst du wirklich nicht. Da liegt noch irgendwo bei uns so ein uraltes Ding im Keller«, sagte mein Vater nach einem kritischen Blick auf das Preisschild. Wie sich später herausstellte, handelte es sich bei der Fahne, die mein Vater meinte, um eine alte Hakenkreuzflagge, bei der meine Großmutter irgendwann im Frühjahr 1945 den weißen Kreis in der Mitte herausgeschnitten und ein selbst genähtes FCN-Logo eingesetzt hatte; eine Überraschung für meinen kriegsheimkehrenden und fußballverrückten Opa. Und tatsächlich wurden nur wenige Wochen nach der bedingungslosen Kapitulation die Bombentrichter auch in Nürnberg mit Sand befüllt, und es begann mit den wenigen überlebenden Akteuren wie Max Morlock wieder eine Art

56 | EIN SPIEL DAUERT 90 MILLIONEN

Spielbetrieb, um die Menschen zumindest ein bisschen abzulenken: Nürnberg etwa spielte zunächst gegen Altötting um eine Schlachtsau und dann gegen Rot-Weiß Essen um eine Wagenladung Steinkohle, so war das damals. Die umgewidmete Fahne bestach fraglos durch tadellose Qualität. Ihr Stoff war dick und schwer und ihr Rot immer noch in einem erstaunlich guten Zustand, aber ich nahm sie nie mit zum Fußball, weil ich irgendwie kein gutes Gefühl dabei hatte.

Einer der vielleicht zehn oder zwölf in dem FCN-Laden unter einer Glasscheibe aufbewahrten Aufnäher war ebenfalls nicht drin, weil mir mein Vater noch keine Kutte erlaubte und im Übrigen auch der Ansicht war, ein Neunjähriger sollte nicht mit einem Abzeichen auf der Jacke herumlaufen, auf dem die Aufschrift »Bayern-Fans an ihrem Bierstand« zu lesen war, und der darüber ein paar Schweine zeigte, die aus einer Viehtränke soffen. Aber in dem kleinen Geschäft gab es noch etwas, das mich magisch anzog – das Nürnberg-Trikot, das in unterschiedlichen Größen an einem Kleiderständer in der Ecke hing.

Es handelte sich um eine exakte Nachbildung der Spielerkleidung und war leuchtend rot mit großem weißem Kragen, einem kleinen Adidas-Zeichen rechts, dem Vereinslogo links sowie drei dicken Filzbuchstaben auf der Brust, die da lauteten: A – R – O. Ich wusste, dass das Werbung war, aber ich wusste nicht, was der Schriftzug genau zu bedeuten hatte. Thorsten aus meiner Parallelklasse stammte aus Hessen und trug im gemeinsamen Sportunterricht immer ein Hemd mit dem Aufdruck »Portas«. Dabei erzählte er jedes Mal stolz, dass es sich dabei um das Sportdress von Eintracht Frankfurt handelte. Die Firma »Portas« kannte ich sogar, denn die hatte letztes Jahr unsere grauen Pressspantüren zu Hause mit einer Klebefolie versehen, damit die Dinger wenigstens halbwegs wirkten, als wären sie aus richtigem Holz. Ich fand, dass Thorsten damit irgendwie lässig aussah; lässiger zumindest als unsere von »Portas« beklebten Türen, die nun allesamt Blasen warfen. Von ARO aber hatte ich noch nie gehört.

Mein Vater blickte auch auf dieses Preisschild und schüttelte energisch den Kopf.

»Zu teuer. Aber das kannst du dir doch zum Geburtstag wünschen«, schlug er vor. Ich war natürlich enttäuscht, denn Geburtstag würde ich erst in einem guten halben Jahr haben, und wie jeder kleine Junge wollte ich die Sachen, die mir gefielen, unbedingt sofort besitzen. Andererseits sah auch ich ein, dass ich meinem Vater nicht außer der Reihe fast vierzig D-Mark für ein Fußballtrikot aus der Tasche leiern konnte. Eine Schirmmütze für 6,50 hätte ich vielleicht von ihm bekommen, aber die brauchte ich ja nicht. Also gingen wir in Richtung Stadion, ohne einen Fanartikel gekauft zu haben. Der Club führte als Tabellenschlusslicht überraschend schnell mit 2:0 gegen die hochfavorisierten Münchner, die als Dritter angereist waren und sechs Wochen vor Saisonende den HSV noch im Kampf um die Meisterschaft abfangen wollten. Das Stadion war so voll, wie ich es noch nie zuvor gesehen hatte, mehr als die Hälfte der Plätze war besetzt. Es waren erst zehn Minuten gespielt, die Menschen jubelten und hegten für einen Augenblick einen Funken Hoffnung, dass sich alles doch noch zum Guten wenden würde, und es wäre ein Fest gewesen, hätte ich in diesem Moment eine Fahne gehabt.

Am Ende hieß es dann doch 4:2 für die Bayern. Pflügler, zwei Mal Mathy und Nachtweih hatten die Verhältnisse wieder geradegerückt, und mein Vater und ich und die meisten anderen Besucher gingen abermals ohne ein Erfolgserlebnis nach Hause. Alle Fahnen, die ich nun sah, waren von ihren Benutzern genauso eingerollt worden wie die im Laden vorhin. Trotzdem freute ich mich in diesem ansonsten tristen Moment ein bisschen auf meinen nächsten Geburtstag, an dem ich von meinen Eltern mit an Sicherheit grenzender Wahrscheinlichkeit ein authentisches FCN-Trikot bekommen würde – eines mit Werbung drauf, wie es sich gehörte. Damit würde ich im Schulsport Thorsten und seiner Klebefolienreklame ganz klar den Rang ablaufen.

Als mein Geburtstag dann gute sechs Monate nach der Niederlage gegen die Bayern endlich gekommen war, befand sich mein Verein wie zu erwarten in der zweiten Liga. Am Wochenende zuvor hatten wir

58 | EIN SPIEL DAUERT 90 MILLIONEN

zu Hause nur 1:1 gegen Oberhausen gespielt, vor nur mehr 7800 Zuschauern, darunter mein Vater und ich. Wir waren zuvor nicht einmal mehr bei Max Morlock gewesen, um unsere Karten zu kaufen, sondern wurden von Zabo-Herbert zehn Minuten nach dem Anpfiff einfach durchgewunken, wofür ihm mein Vater in der Halbzeit einen Becher Bier vorbeibrachte. Der 1. FC Nürnberg irrlichterte im tristen Mittelfeld einer Spielklasse, die mit Vereinen wie Bürstadt oder dem FC Homburg aufwartete, und selbst mir als unerfahrenem Fußball-Novizen leuchtete ein, dass die Lage nicht gerade rosig aussah. Dennoch war ich gespannt auf mein Geschenk, das ich mir wirklich sehnlich wünschte. In dieser Saison zierte nicht mehr das Unternehmen namens »ARO« die Brust der Spieler – ein Teppichhändler mit einer Handvoll Filialen in der Region, wie ich zwischenzeitlich herausgefunden hatte. Der neue Sponsor war eine örtliche Brauerei, was im Hinblick auf den Sportunterricht fast noch eindrucksvoller rüberkam. So konnte ich als Zehnjähriger mit einer Werbung auf der Kleidung herumlaufen, die naturgemäß nur für Erwachsene gedacht war.

Ich riss das Geschenkpapier auf – und traute meinen Augen kaum: Meine Mutter hatte mir in akribischer Heimarbeit ein eigenes Trikot gestaltet. Sie hatte ein sehr schönes, einfarbig rotes Oberteil gekauft, das Vereinswappen sowie die Adidas-Streifen etwas wackelig, aber gut erkennbar mit der Nähmaschine eingestickt und sogar mit einer weißen Bügelziffer die Rückennummer Sieben aufgebracht, wie Littbarski sie trug. Nur den Schriftzug der »Patrizier«-Brauerei ließ sie weg, weil er in altdeutschen Buchstaben gehalten war, die sich beim besten Willen nicht selbst anfertigen ließen und die es auch nicht zum Aufbügeln gab. Meine Mutter war eigentlich von Anfang an gegen diese ganze Fußballgeschichte, und dieses selbst gemachte Trikot war quasi der größte Liebesbeweis, den sie mir in dieser Hinsicht machen konnte. Ich jedoch war noch nie von einem Geschenk so enttäuscht wie an diesem Tag und wusste, dass ich dieses Trikot niemals anziehen würde, wofür ich mich wiederum meiner Mutter gegenüber schrecklich schämte.

Warum mir dieser bescheuerte Werbeaufdruck so wichtig war, kann ich heute gar nicht genau sagen, am Bier oder an der Optik lag es bestimmt nicht. Mich faszinierten damals sogar die Kleinanzeigen im »Kicker«-Sonderheft, in denen verschiedene Händler dafür warben, dass man bei ihnen die Original-Leibchen einiger Erstligisten bestellen konnte. Köln trug »Doppel-Dusch«, Hamburg »BP«, Bremen »Trigema«, Dortmund »UHU«, und die Bayern waren natürlich die Progressivsten von allen: Sie warben für »Commodore«, einen neuen Hersteller von Heimcomputern. Dieses Signet war natürlich der Gipfel der Coolness, denn einen C64 wollte damals jeder haben – auch ich, und das sogar fast noch unbedingter als das Trikot. Ein ebensolches mit Sponsoraufdruck darauf war einfach etwas Besonderes für einen Fan – obwohl diese Form des Sponsorings Mitte der 1980er auch schon über zehn Jahre Bestand hatte.

Pionier dieser Entwicklung war Wormatia Worms. Weil die Stadt im alten Wormatia-Stadion, das zwischenzeitlich den wenig ruhmreichen Namen »Adolf-Hitler-Kampfbahn« trug, aus ästhetischen Gründen und wegen der umlaufenden Buchsbaumhecke die Bandenwerbung untersagte und die Einnahmen aus den Eintrittsgeldern sowie den Durchsagen in der Halbzeitpause nicht mehr ausreichten, um den Spielbetrieb zu decken, schlossen die Verantwortlichen des Südwest-Regionalligisten eine kühne Vereinbarung nach amerikanischem Vorbild ab. Partner war der Baumaschinenhersteller »Caterpillar«, der in Worms eine Niederlassung besaß. In den USA war es längst gang und gäbe, dass sich Sportteams die Unterstützung großer Wirtschaftskonzerne holten, wenn auch nicht unbedingt mittels PR auf der Spielerkleidung.

Um sich diesbezüglich abzusichern, hatten die Wormser Vereinsvertreter hochoffiziell beim Deutschen Fußball-Bund nachgefragt. Allerdings konnte der biedere DFB unter Präsident Hermann Gösmann in seinen Statuten keinen Passus finden, der ein solches Vorgehen auch nur ansatzweise regelte – denn bis dato hatte schlichtweg niemand ei-

60 | EIN SPIEL DAUERT 90 MILLIONEN

nen solch »abwegigen« Einfall gehabt. Also liefen die Wormser Spieler am 20. August 1967 gegen den SV Alsenborn als »kickende Litfaßsäulen« auf, wie es sogar in den Wormatia-Archiven heißt. Als Gegenleistung für den »CAT«-Schriftzug auf der Brust und auf der Hose gab es 5000 Mark, drei Trikotsätze und eine Garnitur Trainingsanzüge in Gelb.

Das ergab durchaus einen Sinn, denn damals war es eine Selbstverständlichkeit, dass sich selbst die Top-Klubs ihre Ausrüstung von den Schuhen bis zur Sporttasche selber kauften. Warf ein Spieler im Überschwang seiner Gefühle sein Trikot nach Spielende über den Zaun oder gingen durch sein Verschulden ein Paar Stollenschuhe kaputt, wurde ihm der entsprechende Anschaffungspreis vom Gehalt abgezogen. Erst in den 1970er-Jahren begannen die großen Sportartikelhersteller, das Potenzial das Fußballs zu erkennen, und schlossen mit einigen Vereinen exklusive Vereinbarungen ab.

Dabei hatte Adidas-Gründer Adi Dassler schon Anfang der 1950er-Jahre die Eingebung, dass seine noch junge Marke von der zunehmenden Strahlkraft des Fußballs profitieren könnte – obwohl das Motiv des ersten Ausrüstervertrages in der deutschen Sporthistorie wohl eher familiärer Natur war: Adi Dasslers Bruder Rudolf war zuvor aus der gemeinsamen Firma im fränkischen Städtchen Herzogenaurach ausgestiegen und hatte das Konkurrenzunternehmen Puma gegründet. Und ebendieses Puma stellte dem damaligen Bundestrainer Sepp Herberger bereits seit einiger Zeit kostenloses Schuhwerk zur Verfügung. Nun aber wollte der spätere Weltmeistercoach noch ein paar Mark extra für seine Loyalität und für den Aufwand, den er in seinem Ehrenamt für den Sport im Allgemeinen und Puma im Besonderen auf sich nahm. Puma-Chef Rudolf Dassler sah jedoch keinerlei Veranlassung, einen Mann zu bezahlen, der nicht zur Firma gehörte und aus seiner Sicht sowieso schon von seiner Großzügigkeit profitierte – und lehnte verärgert ab. Also marschierte Sepp Herberger einfach quer über die Aurach zur Konkurrenz und wurde eben bei Adidas vorstellig. Der Rest ist Geschichte.

WEIL WORMATIA WORMS DAS GELD AUSGING | 61

Adi, der gerade ebenso wie sein Bruder Rudolf an einem Patent für Schraubstollen tüfteln ließ, begriff schnell, dass er mit Herberger über ganz andere Möglichkeiten zur Vermarktung seiner Produkte verfügte. Er sicherte sich mit einer monatlichen Zuwendung in Höhe von 1000 Mark den populären Trainer und damit gleich die ganze Nationalmannschaft als Werbeträger im wahrsten Sinne des Wortes – eine überaus lukrative Partnerschaft, die bis heute Bestand hat, wenn auch die Summen, um die es ging, etwas, nun ja, aus dem Ruder liefen: Zuletzt bezahlte Adidas sagenhafte 200 Millionen Euro für eine Verlängerung des Vertrags mit dem DFB um weitere vier Jahre.

Die Folge des Bruderstreits in der Dassler-Familie war ein Ausrüsterkrieg zwischen Adidas und Puma, der dem Fußball in den Jahrzehnten nach dem Herberger-Deal zu enormen Einnahmen verhalf. Spieler und Vereine, die von einer zur anderen Marke wechselten, erhielten üppige Boni, nur um dem jeweils anderen eins auszuwischen. Es ist überliefert, dass Adis Sohn Horst regelmäßig mit einem Kofferraum voller Bargeld zwecks firmengemäßer Überzeugungsarbeit zu Ligaspielen fuhr, sodass Adidas bald die meisten Bundesligisten ausstatten konnte. Rudolfs Filius Armin luchste dafür der anderen Seite in einer Nacht- und Nebelaktion Weltfußballer Pelé ab. Und weil Heinz Matthäus bei Puma als Hausmeister angestellt war, durfte sein Sohn Lothar nur zu einem Puma-Klub wechseln, weshalb er zu Beginn seiner Karriere zunächst bei Borussia Mönchengladbach landete, obwohl ihn schon damals die Späher von Bayern auf dem Schirm hatten.

Zur Fußball-Weltmeisterschaft 1974 hatten nicht nur Deutschland, sondern auch die Niederlande – der Turnierfavorit – einen Vertrag mit Adidas abgeschlossen. Dementsprechend sollte das Oranje-Team beim Turnier mit den charakteristischen drei Streifen auflaufen. Das Problem war nur, dass Kapitän Johan Cruyff bereits ohne Wissen der Adi-Dassler-Seite einen privaten Exklusivvertrag mit Puma in der Tasche hatte. Aus diesem Grund weigerte sich Cruyff trotz der Intervention seiner Verbandsbosse, in einem Adidas-Trikot

62 | EIN SPIEL DAUERT 90 MILLIONEN

zu spielen. Daraufhin ließ Adidas notgedrungen ein paar Exemplare mit nur zwei Streifen anfertigen, die dann während der WM von Cruyff verwendet wurden, während seine Mannschaftskameraden einen schwarzen Streifen mehr auf den orangefarbenen Schultern trugen.

Solch durchaus drollige Anekdoten gibt es schon lange nicht mehr. Inzwischen ist das Ausrüstergeschäft ein knallhartes globales Business, das keine Schmerzgrenze mehr zu kennen scheint. Die Konzerne streiten sich erbittert um die Top-Teams und übertreffen sich dabei gegenseitig mit immer aberwitzigeren Beträgen. So zahlen Adi Dasslers Nachfolger allein dafür, dass die Profis des FC Bayern München ihre Marke weltweit zur Schau stellen, geschätzte 60 Millionen Euro pro Jahr – und Manchester United erhält für die gleichen Dienste gar noch mal rund 38 Millionen mehr. Dafür sicherte sich Nike die Dienste des FC Barcelona für 100 Millionen per annum. Und am Beispiel von Arsenal London sieht man, dass auch die Ethik in diesem Geschäft inzwischen irgendwo zwischen Herzogenaurach und Peking, Tokio oder New York auf der Strecke geblieben ist. Der Verein wurde zunächst bei Nike und anschließend auch bei Puma vertragsbrüchig, um einfach zum nächsthöheren Bieter weiterzuziehen. Momentan – aber vermutlich nicht für immer – heißt dieser Adidas.

Es kann nur darüber spekuliert werden, ob die Dassler-Brüder diese Entwicklung noch gutheißen würden. Verstanden haben sie sich wegen des Herbergerschen Seitenwechsels jedenfalls zu Lebzeiten nicht mehr, und auch ihre beiden Familiengräber auf dem Städtischen Friedhof liegen weit voneinander entfernt.

Im Falle der Wormser Werbeidee indes wurde dem DFB-Vorsitzenden Gösmann und seinem Verband dann doch noch etwas mulmig, und die Angelegenheit wanderte umgehend auf die Tagesordnung der nächsten Vorstandssitzung gut eine Woche später. Dort einigten sich die Beteiligten recht schnell auf ein Verbot. »Der Vorstand stellte dazu fest, dass das Tragen von Firmennamen, von Firmenzeichen

WEIL WORMATIA WORMS DAS GELD AUSGING | 63

und Werbeaufschriften auf der Spiel- und Trainingskleidung nicht zulässig sei und im Interesse der Aufrechterhaltung der sportlichen Ordnung und des Ansehens des Fußballsports verboten werden müsse«, hieß es damals im Protokoll, das die Trikotwerbung wieder verbannte. Aus Angst vor Repressalien hielten sich die Vereine daran.

Erst Anfang 1973 kam wieder Dynamik in die Sache: Eintracht Braunschweig war sechs Jahre nach der Meisterschaft ebenfalls in arge finanzielle Nöte geraten. Um aus der Schieflage wieder herauszukommen, beschloss die Mitgliederversammlung des niedersächsischen Traditionsklubs am 8. Januar auf Vorschlag von Präsident Balduin Fricke, als Trikotmotiv künftig den Jägermeister-Schriftzug sowie den berühmten Hubertushirsch zu tragen, der seit jeher die grünen, im rund zehn Kilometer entfernten Wolfenbüttel abgefüllten Likörflaschen zierte. Fricke und Jägermeister-Chef Günter Mast verbanden eine jahrelange Männerfreundschaft, die Leidenschaft für die Jagd – und ein Faible für kreative Geschäftsideen. Beim ersten Spiel nach der Winterpause gegen die Offenbacher Kickers sollten die neuen, geldbringenden Hemden präsentiert werden. Doch der DFB verbot abermals ausdrücklich diese Form der Reklame.

»Das hohe Gut Fußball ist fernab von jedem Geld«, lautete die Ansage in der Erklärung seitens desselben Verbandes, der ein paar Jahrzehnte später aus der deutschen Nationalmannschaft eine eingetragene Wort-Bild-Marke machen sollte, um sie besser international vermarkten zu können, und seine Nationalspieler jahrelang als Werbeträger für einen wenig leistungssporttauglichen Brotaufstrich einsetzte, der hauptsächlich aus Zucker und Palmöl besteht.

Ein erbitterter Rechtsstreit folgte. Es ging um die maximalen Abmessungen vom Hirschunterkörper bis zur Geweihobergrenze und um die Verwendung der Buchstaben E und B. Mast schlug schließlich einen Kompromiss vor: Er wolle auf den Schriftzug verzichten, und das höchstens vierzehn Zentimeter große Wildtier solle anstelle des Braunschweiger Löwen kurzerhand zum neuen Vereinswappen deklariert werden. Darauf ließ sich der DFB dann ein. Am 24. März 1973 lief Eintracht Braunschweig gegen Schalke 04 mit der ersten offiziellen Trikotwerbung der Bundesligageschichte auf. Das Spiel endete 1:1 und interessierte die Öffentlichkeit nicht weiter, aber die 15 000 Zuschauer im Stadion an der Hamburger Straße wurden zu Zeugen eines geradezu historischen Einschnitts in einem Sport, der gerade zaghaft begann, sich zu professionalisieren. Jägermeister-Chef Günter Mast war nach dem ganzen Trubel um sein Produkt hochzufrieden. Für 100 000 Mark hatte er eine monatelange Aufmerksamkeit für seinen Betrieb erzeugt. Und der Erfolg gab ihm recht: Die Absatzzahlen der kräuterhaltigen Spirituose stiegen anschließend um zweistellige Prozentwerte an, und noch heute zählt Jägermeister laut einer Studie der TU Braunschweig zu den fünf bekanntesten Sponsoren aller Zeiten, obwohl der Vertrag mit der Eintracht schon 1987 auslief.

Die anderen Bundesligisten zögerten noch. Erst drei Jahre später zogen der VfB Stuttgart mit »Frottesana«, der HSV mit »Campari«, Eintracht Frankfurt mit »Remington«, der MSV Duisburg mit »Brian Scott« und Fortuna Düsseldorf mit »Allkauf« nach. Der FC Schalke spielte immerhin noch fünf Jahre mit dem so naheliegenden wie »unnötigen« Schriftzug »Schalke 04« auf den königsblauen Oberteilen. Ab Mitte 1978 präsentierten auch die Gelsenkirchener ihren ersten Sponsor. Für eine Saison durfte die »Deutsche Krebshilfe« zu einem karitativen Sonderpreis die Fläche auf der Brust belegen. Andere Klubs bewiesen damals weniger Gespür: 1976 stellte Borussia Dortmund seine Liaison mit »Samson« vor – einem niederländischen Tabakproduzenten. Für die stattlichen 500 000 Mark Salär änderte der BVB kurzerhand sein Vereinswappen und nahm den finster dreinblickenden »Samson«-Löwen für die zweijährige Vertragslaufzeit mit in das eigene Emblem auf. Durch derartige Sündenfälle war der Bann endgültig gebrochen. Unternehmen unterschiedlichster Art entdeckten den Fußball und machten sich die Vereine untertan. Zur Not wurden schon mal die Vereinsfarben geändert, wenn sie nicht zur Kolorierung des Sponsors passten – unvergessen ist in diesem Zusammenhang das »Faber«-Trikot des VfL Bochum, der sein traditionelles Blau einem kunterbunten Regenbogen opfern musste, weil es dem privaten Lotto-Anbieter so gefiel.

Nur ab und an gab es im Zuge dieser fortschreitenden Kommerzialisierung noch eine kleine Sternstunde. 1987 etwa erzürnte der kleine FC Homburg 08 die Gemüter. Der FCH war einen Sommer zuvor unerwartet in die Eliteklasse aufgestiegen, dem Abstieg haarscharf entronnen und im Folgejahr auf der Suche nach dringend benötigten Unterstützern ausgerechnet bei einem Kondomhersteller gelandet, der für 200 000 Mark seine Marke »London« auf der Brust der Saarländer präsentierte. Doch die – vermutlich gefühlsechte – Freude der Homburger über den spektakulären Coup währte nur ein paar Spieltage. Dann zürnten die gewohnt scheinheiligen DFB-Bürokraten wegen eines »Verstoßes gegen Ethik und Moral«, verhängten 50 000 DM Strafe und drohten mit einem Punktabzug. Beim nächsten Spiel bat Schiedsrichter Walter Eschweiler Homburgs Trainer Uwe Klimaschefski prompt, doch bitteschön freiwillig auf die Trikots zu verzichten und ein neutrales weißes Dress anzuziehen, um die Wogen zu glätten – doch Klimaschewski lehnte ab. Daraufhin klagte der DFB, und in den folgenden Wochen zierte nach der erstinstanzlichen Entscheidung wochenlang ein durchgehender schwarzer Balken das unschuldige weiße Homburger Hemd – bis ein anderes Gericht am Ende Vereinsboss Manfred Ommer recht gab und das »London«-Signet wieder gezeigt werden durfte. »Von jedem Plakat grüßte Rita Süssmuth mit Kondomen – ein Wahnsinn, dass wir es nicht durften«, ärgerte sich der frühere Leichtathlet Ommer noch Jahrzehnte später. Sein Fazit: »Die Herren vom DFB haben in ihrer Altersstruktur eben Alkohol bevorzugt.« Vor dem Abstieg geschützt haben die Präservative den FC Homburg dann aber doch nicht.

Heute ist diese sichtbarste aller Sponsoring-Varianten ein Megageschäft geworden. Die Bayern als Spitzenreiter auch dieser Rangliste kassieren von der Telekom bestürzende 35 Millionen Euro pro Saison. Darin inbegriffen sind immerhin die 58 Arenaplätze für Firmenazubis, die in weiße Ponchos und Schirmmützen gewandet das

66 | EIN SPIEL DAUERT 90 MILLIONEN

Markenzeichen ihres Arbeitgebers im Unterrang nachbilden – was die wohl dämlichste Werbeform der Ligageschichte sein dürfte. Schalke, Dortmund und Wolfsburg nehmen geschätzte 20 Millionen, Leipzig rund zehn und selbst Freiburg noch knapp drei Millionen Euro für den Schriftzug auf ihren Hemden ein. Welche Ausmaße ihr Einfall einmal haben wird, das hätten sich die Wormser Pioniere wahrscheinlich nicht träumen lassen.

Die schnell allgegenwärtige Trikotwerbung war es auch, die schlussendlich dem Merchandising den Weg bereitet hat. Schon der Begriff ist grauenhaft, er meint wörtlich übersetzt den »Handel im großen Stil«, abgeleitet vom englischen Wort »merchant« für Großhändler. Und darin steckt schon die ganze Krux dieses Geschäftsfeldes, das nur dann richtig funktioniert, wenn es auf Masse angelegt ist.

Das war es am Anfang zumindest noch nicht, und wahrscheinlich habe nicht nur ich das am eigenen Leib erfahren: Nachdem ich meine Enttäuschung über das nett gemeinte, aber für mich untragbare Geburtstagsgeschenk – das Nürnberg-Trikot aus mütterlicher Eigenproduktion – überwunden hatte, gelang es mir durch gutes Zureden, mir das »Original« wenigstens zu Weihnachten zu wünschen, ohne meine Mutter dadurch zu beleidigen. Am letzten Spieltag vor der Winterpause hatte der 1. FC Nürnberg mit 0:4 gegen Hessen Kassel verloren. Weil die Zweite Liga in jenem Jahr aber recht ausgeglichen war, hegten mein Vater und ich die leise Hoffnung, dass der sofortige Wiederaufstieg möglich sein würde. Zwischenzeitlich hatte es eine Spielerrevolte gegeben, die den fristlosen Rauswurf einiger altgedienter Stars wie Rudi Kargus oder Horst Weyerich zur Folge hatte. Stattdessen spielten nun frische, junge Talente wie Stefan Reuter, Hans Dorfner und Dieter Eckstein in der Mannschaft, mit der sich das Publikum mehr und mehr zu identifizieren begann. Und das schlug sich offensichtlich auch auf die Einnahmen nieder: Der Zuschauerschnitt stieg stetig an, zum Heimspiel gegen den Tabellennachbarn Hannover kamen plötzlich über 28 000 Menschen ins Städtische Stadion. Und die wenigen Fanartikel, die im Anbau an der Geschäftsstelle verkauft wurden, gingen weg wie warme Semmeln.

»Wir haben leider überhaupt keine anderen Größen mehr«, teilte die Verkäuferin meinem verdutzten Vater wenige Tage vor Weihnachten mit, als er sich auf den Weg machte, mir doch noch das ersehnte Originalhemd meines Herzensvereins zu besorgen, und als einzige Option das vorletzte Exemplar in Größe 56 in den Händen hielt, in das ich mindestens zwei Mal hineingepasst hätte – und zwar längs und quer. Dennoch kaufte er es, weil nach Auskunft der Mitarbeiterin nicht vor Saisonende mit Nachschub zu rechnen war, wenn überhaupt. Alle anderen der rund 1000 angefertigten Fanshirts waren bereits vergriffen. Als ich unter dem Christbaum endlich das richtige Trikot auspackte, freute ich mich trotzdem darüber wie über kaum ein anderes Präsent zuvor. In der Folge gab es Fotos von mir, auf denen weder meine Knie noch meine Hände zu sehen waren, weil das Oberteil so riesengroß war. Aber ich trug es so lange, bis es halbwegs passte, was ungefähr im Jahr 1994 der Fall gewesen sein dürfte. Dann löste sich, bei der vielleicht 150. Wäsche, einer der Filzbuchstaben im Vereinslogo ab, und ich musste mich schweren Herzens von meinem allerersten Trikot trennen. Aber »1. FCN« ohne »N«, das ging natürlich gar nicht. Ich kaufte mir anschließend ein neues von meinem Arbeitslohn, den ich für sechs Stunden wöchentlich in der Getränkeannahme bei Edeka verdiente, und auf der Brust stand nun erstaunlicherweise wieder »ARO«.

Seitdem hat sich viel verändert. Mit einem Schnitt von einem verkauften Trikot pro Fan in neun Jahren dürfte wohl jeder Merchandising-Manager eines Profiklubs seinen Job verlieren. Knapp 300 Millionen Euro setzten die Vereine der ersten drei Ligen pro Jahr mit Fanartikeln zuletzt um, was rund acht Prozent des Gesamtumsatzes ausmachte. Dementsprechend umfangreich sind die Kataloge: Es gibt Wimpel, Schals, Aufnäher, Gläser, T-Shirts, Sticker, Hosen, Socken und Pullover in Hunderten Varianten. Ebenso Trinkflaschen

68 | EIN SPIEL DAUERT 90 MILLIONEN

für Babys, Krawattennadeln, Schnapsgläser und Manschettenknöpfe, Unterhosen, Duschgels, Füllfederhalter, Gummibärchen oder USB-Sticks, auf denen die Logos aufgebracht sind. Auch mit der Vergangenheit wird eine Menge Geld gemacht: Überall dort, wo die Erfolge früher mindestens so groß waren wie heute allenfalls die Ansprüche, werden DVDs mit den schönsten Toren und den größten Helden angeboten, es gibt nachkolorierte Bilder längst verblichener Meisterspieler und Replika-Kollektionen früherer Designs.

Vor nichts machen die Umsatzjäger noch halt: Der HSV hat Studentenfutter und Hauspantoffeln im Angebot, der VfL Wolfsburg Pfefferminzpastillen und Lufterfrischer, der BVB Auflagen für Gartenmöbel und mittelscharfen Senf. Bei den Frankfurtern kann man fruchtigen Tomatenketchup kaufen, eine Kaffeemischung und einen Toaster, der den Eintracht-Adler auf das Brot brennt. Und wer als echter Kölner einen Fußabstreifer verwendet, auf dem sich die Gäste ihren Straßendreck am Geißbock abwischen können, gehört eigentlich mit Stadionverbot bestraft.

Ein offiziell lizenziertes Trikot kann heute schon mal über einhundert Euro kosten, was für einen Schüler wie mich, der damals von einer solchen Reliquie träumte, unerschwinglich gewesen wäre. Doch in Zeiten, in denen Bayern München für besonders betuchte Anhänger schon mal einen Chronometer in limitierter Auflage für knapp 10 000 Euro bereithielt und Dortmund seinen Edel-Fans eine Schlägertasche für die stilechte Aktivität am Golfplatz offerierte, fällt das schon gar nicht mehr ins Gewicht. Unternehmensberatungen erstellen jährlich neue Studien über das Kaufverhalten von uns Fußballanhängern. Shoppingexperten optimieren die Auffindbarkeit in Suchmaschinen oder das Angebot speziell für mobile Endgeräte, und parallel dazu werden unsere Haushalte virtuell nach Gegenständen durchkämmt, auf die man noch ein Vereinswappen drucken könnte.

Natürlich konnte auch ich mich früher nicht freimachen vom Drang, mich mit Erkennungszeichen meines Lieblingsklubs ausstatten zu müssen. Die Mütze meiner Oma wurde irgendwann zu klein,

WEIL WORMATIA WORMS DAS GELD AUSGING | 69

also kaufte ich mir eine neue – und dann noch eine und noch eine. Auch habe ich mir im Laufe meines Lebens sicher ein gutes Dutzend Trikots angeschafft, weil ich eines Tages nicht mehr mit einem drei oder vier Jahre zurückliegenden Modell ins Stadion gehen wollte. Ich habe in zig verschiedenen Bettwäschesets geschlafen und unzählige neue Schals erworben, weil mir die alten bei allzu übermütigen Auswärtsfahrten aus dem Zugfenster flogen oder nach einem besonders schmerzhaften Abstieg in Flammen aufgingen. Und als mein Sohn geboren wurde, wurde er in der kompletten vereinseigenen Babyausstattung dekoriert, sodass man vor lauter Schnullern, Teddybären und Rasseln um ihn herum gar kein Gesicht mehr erkennen konnte. Trotzdem ärgere ich mich noch immer darüber, dass ich das selbst gefertigte Trikot meiner Mama damals nicht stärker wertschätzte. Es wäre, anders als all die Massenware, etwas ganz Besonderes gewesen. Und vor allem: unbezahlbar.

Doch der Trikotsponsor ist nur der größte Mosaikstein, wenn es darum geht, den »Markenkern« eines Vereins zu verschachern, wie es so unschön heißt. Nahezu jeder Erst-, Zweit und auch Drittligist verfügt heute über einen umfangreichen »Sponsorenpool«, in dem sich mindestens zwei Dutzend Unternehmen tummeln, um im Idealfall ein paar Brosamen des sportlichen Ruhmes für ihre Firma abzubekommen. Die Auswirkungen dieses Totalausverkaufs sind bisweilen bizarr: Der Schiedsrichter hat meistens noch die Pfeife im Mund, da wird in unseren Stadien schon die Plexiglaswand mit den Logos der vielen Geldgeber des Heimklubs ins Bild gerückt. Die Pressekonferenzen sehen mit all ihren Bannern und Signets aus wie Sendungen im Homeshopping-Kanal. Spieler werden zu Terminen in Möbel- und Autohäusern, Versicherungsagenturen, Einkaufszentren, Bankfilialen oder Brauereien abgeordnet, damit der jeweilige Sponsor ein paar Bilder auf seine Webseite stellen kann. Eigene Unternehmen wie »Sportfive« kümmern sich vollumfänglich darum, dass noch die letzte freie Werbefläche im Stadion oder auf der Vereinshomepage

70 | EIN SPIEL DAUERT 90 MILLIONEN

verscherbelt wird. Und spätestens wenn – wie beim FC Bayern – das Klublogo beim »Official Partner« »Veuve Clicquot« zum Einsatz kommt, fängt die Sache an, irgendwie gruselig zu werden. Ich jedenfalls habe meinen geliebten Fußball niemals mit Champagner in Verbindung gebracht.

Auf fast eine dreiviertel Milliarde Euro beliefen sich zuletzt die gesamten Werbeeinnahmen allein der Bundesliga, was den Posten nach den TV-Einnahmen und vor den Spielerlösen zur zweitwichtigsten Einnahme für die Klubs machte. Derlei Kennziffern verkündet die DFL alljährlich stolz in ihrem »Report« und berichtete von der achten Umsatzsteigerung in Folge auf 3,24 Milliarden Euro. In der hochglänzenden Broschüre, die auch von einem Investmentfonds stammen könnte, ist von »dynamischem Wachstum« die Rede, von »ökonomischer Stabilität« und »ausländischen Märkten«, als spreche man nicht von einem an sich so wunderbaren Sport, der Woche für Woche Millionen Menschen zum Jubeln und zum Weinen bringt, sondern vom Geschäftsbericht eines weltweit agierenden Großkonzerns. Doch wahrscheinlich geht es nur noch genau darum – wie man möglichst viel Gewinn mit diesem »Konzern« namens »Fußball« erzielen kann.

Was dagegen die Reklame in unserem alten Nürnberger Stadion Mitte der Achtzigerjahre kostete, weiß ich leider nicht; ich habe nie irgendwelche belastbaren Zahlen recherchieren können. Aber nachdem der Stadionsprecher während der Halbzeit nicht nur für ein örtliches Opel-Autohaus, sondern auch für eine Metzgerei, einen Schreibwarenladen und ein, nun ja, etwas freizügiges Abendlokal in der Innenstadt Reklame machen musste, bevor er die Blaskapelle ankündigte oder vermisste Kinder ausrief, konnten zumindest diese kurzen Sprachdurchsagen nicht allzu teuer gewesen sein.

Dazu kam als entsprechende Einnahmequelle für den FCN wie für alle anderen Vereine nur noch die Bandenwerbung. Diese befand sich allerdings lediglich auf der im Fernsehen sichtbaren Seite. Da aber die einzige Kamera der ARD – dazu kommen wir noch – mittig auf dem Dach der Haupttribüne stand und mein Vater und ich meistens genau gegenüber saßen, konnten wir selbst nicht sehen, wofür auf den aufklappbaren Holztafeln überhaupt geworben wurde. Nur wenn das Spiel später von der Sportschau als fernsehwürdig erklärt wurde, erkannten auch wir, welche Unternehmen dort auf sich aufmerksam machen wollten. Ich erinnere mich gut an die Aufsteller für »Mustang-Jeans«, »Sinalco« oder »Agfa«. Und auch an einen Spruch, den ich nie vergessen werde, weil ich ihn so herrlich unpassend fand: Genau auf Höhe der Mittellinie stand in schwarzen Lettern auf weißem Grund »Die Milch macht's«, was ein echter Widerspruch in sich war angesichts der Tatsache, dass die meisten der Zuschauer um uns herum und manchmal auch mein Vater während der Spiele ganz schön einen im Tee hatten. Immerhin befand sich direkt daneben eine Bande von »Hardenberg Korn«, dadurch wurden die Verhältnisse wieder geradegerückt.

Die so unterschiedlichen Werbetreibenden, die in unserem Fall vom Verband der Bayerischen Milchwirtschaft bis zur niedersächsischen Schnapsbrennerei reichten, waren vermutlich auch zur damaligen Zeit bereit, für ihre Verhältnisse tief in die Tasche zu greifen, um sich den Fußball und seine Breitenwirkung zunutze zu machen. Aber wenigstens wurde man als Fan nicht während des Spiels von ihnen belästigt. Heute dagegen blinkt und flimmert es rund um das Spielfeld, als habe man bei den Casinos von Las Vegas die leuchtenden Fassaden abmontiert und in kleine Teile geschnitten. Die bis zu hundertachtzig Meter langen LED-Banden, die 2010 von der FIFA erstmals offiziell bei der WM in Südafrika erlaubt wurden und in der Bundesliga zuerst – natürlich – von Bayern München und der TSG Hoffenheim, aber auch von Hertha BSC Berlin sowie Hannover 96 eingesetzt wurden, sind für uns Zuschauer ein einziges Ärgernis. Seitdem blinkt, flackert und leuchtet es derart aufdringlich, dass man sowohl im Stadion als auch daheim vor dem Fernseher schon mal den Blick für den Ball verliert. Dass die DFL vermeintlich strenge Richtlinien aufgestellt hat, wonach die animierte Werbung nur in eine Richtung fließen darf und die Geschwindigkeit, in der die Bilder sich bewegen, begrenzt sein muss, wirkt angesichts der optischen Belästigung wie reiner Hohn.

Und während der Milchverband oder die Schnapsbrennerei früher einfach ein paar Tausend Mark überwiesen und den Rest als Manneskraft spendende Naturalien in Flaschen abgefüllt an den Verein geliefert haben, gibt es heutzutage sogar allen Ernstes eine mathematische Formel, die eigens vom »Fachverband für Sponsoring« entwickelt wurde, um den realen Wert einer Werbebande zu berechnen. Wer die Veranstaltungsdauer in Minuten durch 30 teilt und mit der Anzahl der Besucher bei allen Heimspielen multipliziert, der erhält die Bruttoreichweite einer Bande. Diese muss man, um den Nettowert zu ermitteln, wiederum mit dem so genannten Sichtbarkeitsfaktor multiplizieren, der je nach Platzierung im Stadion zwischen 0,1 und 1,0 liegen kann. Das Ganze nimmt man dann – warum auch immer – mal 99 Cent, multipliziert es wieder mit dem Ergebnis der Rechnung »Veranstaltungsdauer geteilt durch 30« und ganz am Ende noch mit 1000. Oder so ähnlich. Heraus kommt dann jedenfalls irgendein stattlicher Betrag, der sich durch die Präsenz im Fernsehen noch verfünf-, veracht- oder verzehnfachen kann. Das muss man nicht verstehen, und ich tue es auch nicht. Aber dieser Quatsch lässt auf jeden Fall tief blicken, wie technokratisch selbst solche Vorgänge inzwischen behandelt werden. Günter Mast und Balduin Fricke haben sich damals bei Eintracht Braunschweig wenigstens zusammen an einen Tisch gesetzt, um den Preis für das Jägermeister-Engagement zu besprechen.

Auf der Suche nach weiteren Einnahmequellen hat die DFL zuletzt den linken Ärmel der Spieler entdeckt. Vier Jahre lang kontaminierte der Transportdienstleister »Hermes« diese Fläche bei allen Bundesligisten und bezahlte dafür acht Millionen Euro jährlich – ein beachtlicher Beitrag für einen Konzern, der regelmäßig wegen der schlechten Arbeitsbedingungen sowie der miserablen Bezahlung der Mitarbeiter bei seinen Subunternehmern in der Kritik steht. Nun können die Vereine die acht mal zwölf Zentimeter kleine Fläche selbst vermarkten, was etwa dem FC Bayern München zehn Millionen per annum vom staatseigenen internationalen Flughafen in Katar einbringt; einem Sponsor, der im Umgang mit dem einfachen Arbeiter, für den der Volkssport Fußball eigentlich ja mal gedacht war, ebenfalls nicht besonders vorteilhaft beleumundet ist.

Sobald es darum geht, woher die Kohle kommt, spielt die Moral offenbar keine Rolle mehr. Wie sonst ist der Sündenfall des FC Schalke 04 zu erklären, der sich seine Unterstützung seit 2007 vom spätestens wegen der Rolle Russlands im Ukraine-Konflikt mehr als fragwürdigen »Gazprom«-Konsortium holt? Warum hat sich Werder Bremen auf den umstrittenen Geflügelmastbetrieb »Wiesenhof« eingelassen, dessen Haltebedingungen immer wieder Tierschützer auf die Barrikaden riefen? Und warum wird Hertha BSC Berlin vom Wettanbieter »Bet-at-Home« gesponsert, der seine Lizenz auch aufgrund eines maltesischen Gesellschaftssitzes besitzt? Natürlich gibt es zu diesen und ähnlichen Fällen kritische Stimmen unter den jeweiligen Anhängern. Diese werden von den Offiziellen zwar gehört, aber am Ende doch nicht ernst genommen. Dass mein Verein, der 1. FC Nürnberg, nach vier Jahren die Zusammenarbeit mit dem fragwürdigsten aller bisherigen Hauptsponsoren, dem Kernkraftwerkbetreiber »Areva«, beendete, war dann auch nicht etwa dem Protest von uns Fans geschuldet, der seit der Vertragsunterzeichnung im Jahr 2008 andauerte. Allein die Tatsache, dass der neue Firmenvorstand ein Franzose war, der mit deutschem Fußball im Allgemeinen und dem »Club« im Besonderen nichts anfangen konnte, gab den Ausschlag.

Max Morlock und seine Mitstreiter mussten sich mit derartigen Themen zu ihrem Glück nie auseinandersetzen. Sie spielten mit blanker Brust und zumindest in dieser Hinsicht auch reinem Gewissen. Sie mussten keine Werbeaufnahmen für Telekommunikationstarife machen, sich nicht in neu auf den Markt gebrachte Kleinwagen setzen, keine Energydrinks für PR-Fotografen zu sich nehmen oder für fragwürdige Finanzdienstleistungen trommeln. Sie haben sich wahrscheinlich auch nicht für Wachstumsmärkte und Umsatzsteigerungen interessiert, sondern vorwiegend für den Fußball. Nach allem, was man über sie gehört und gelesen hat, hätten unsere Weltmeister von 1954 vermutlich kein Problem mit dem ein oder anderen Gläschen »Jägermeister« gehabt – mit vielem, was danach kam, aber schon.

WEIL WOLFGANG VÖGE EINEN KREUZBANDRISS ERLITT

ODER: DIE VERHÄNGNISVOLLE ROLLE DER BERATER

Als ich begann, mich für den Fußball zu begeistern, konnten die Protagonisten längst gut bis sehr gut davon leben, und wir Fans wussten und akzeptierten das auch. Der damalige Bayern-Spieler Michael Rummenigge sorgte zwar dafür, dass kurzzeitig eine vehemente gesellschaftliche Debatte darüber entbrannte, ob die Gehälter für Fußballspieler wirklich noch angemessen waren – Rummenigge hatte 1984 im WDR sein Salär von kolportierten 750 000 Mark jährlich im Gespräch mit einem Schlossermeister dahingehend gerechtfertigt, dass es 50 000 Schlosser, aber eben nur 500 Bundesligaprofis gebe und er im Übrigen für die hohe Arbeitslosigkeit im Land auch nichts könne. Aber nachdem sich Kalles kleiner Bruder öffentlich entschuldigte, war die Sache schnell wieder vergessen, und mit Rudi Völler wurde ein gutes Jahr später auch der erste offizielle Millionenverdiener in der Bundesliga weitgehend klaglos hingenommen.

Auch einige Altersklassen darunter wurde bereits mit Geld gearbeitet: Thorsten, mein hessischer Mitschüler mit dem »Portas«-Trikot, spielte in der E-Jugend des Post SV, einem lokalen Sportverein,

76 | EIN SPIEL DAUERT 90 MILLIONEN

der immer mal wieder vielversprechende Talente hervorbrachte. Gelegentlich schaute dort ein Späher des großen 1. FC Nürnberg vorbei und guckte sich die besten Jungs heraus, die dann in die Nachwuchsabteilung des FCN wechseln durften. Auch mit Thorsten und dessen Vater hatte schon jemand in dieser Hinsicht gesprochen, und es war abgemacht, dass der Junge in die D-Jugend des »Club« wechseln würde, wenn er so weit war. Als kleine Entscheidungshilfe gab es bereits zuvor zwei Dauerkarten, 150 Mark in bar und einen Trainingsanzug, den er fortan jede Woche anstelle seines Eintracht-Trikots im Sportunterricht anzog.

Wann genau der Fußball die Schwelle vom Amateur- zum Profisport überschritt, ist schwer zu sagen; der Prozess vollzog sich schleichend und über viele Jahre. Verbrieft ist, dass zum Beispiel schon Fritz Walter eine Viertelmillion Handgeld und 10 000 Mark Monatsgehalt hätte bekommen können, wenn er nach der Weltmeisterschaft 1954 zu Atlético Madrid gewechselt wäre. Auch der spätere Lottoannahmestellen-Inhaber Max Morlock sah sich immer wieder mit für damalige Verhältnisse astronomischen Summen konfrontiert, aber er schickte die Vertreter aus Italien oder Spanien, die plötzlich mit einem Koffer voller Bargeld vor seiner Wohnung standen, jedes Mal unverrichteter Dinge wieder fort: Zu groß war seine Verbundenheit mit der Stadt, in der seine Familie und seine Kameraden lebten. Es dauerte bis 1962, bis mit Helmut Haller der erste deutsche Kicker den Schritt ins Ausland wagte und sich dem AC Bologna anschloss. Dort erhielt er für zunächst zwei Jahre 300 000 D-Mark – was weit über seine Heimatstadt Augsburg hinaus die Gemüter erhitzte, aber niemanden aufregte in einem Land, in dem bereits 1923 der Rechtsverteidiger Virginio Rosetta für die erste Ablösesumme der Geschichte in Höhe von 50 000 Lira aus Vercelli zu Juventus Turin wechselte. In England galt Fußball auf höchstem Niveau gar bereits ab Ende des 19. Jahrhunderts als professionelle Sportart, die denen, die sie ausübten, zumindest ein ordentliches Auskommen ermöglichte.

Bei uns in Deutschland dauerte es etwas länger, bis der höherklassige Fußball gleichbedeutend war mit erheblichem Reichtum für die Beteiligten. Lange Zeit war es selbstverständlich, dass fast alle Sportler einen Beruf erlernten und zumindest teilweise noch ausübten – bei den Helden von Bern sowieso, aber auch später. So arbeitete Uwe Seeler bis zum Bundesligastart nebenbei als Speditionskaufmann im Hamburger Hafen, Lothar Emmerich verdingte sich in Dortmund halbtags als Automechaniker, und Jürgen Moll tat bis zu seinem viel zu frühen Unfalltod im Dezember 1968 Dienst in einer Braunschweiger Bank. Kicker wie Wolfgang Overath, der schon in den frühen 1960er-Jahren alles auf eine Karte setzte und kurz vor dem Abitur die Schul- zugunsten einer Profilaufbahn aufgab, oder Reinhard Libuda, der mit 17 seine Maschinenschlosserlehre für den Sport abbrach, waren noch die Ausnahme.

Erst ab den 1970er-Jahren brauchte ein durchschnittlicher Erstligaspieler zumindest aus wirtschaftlichen Erwägungen heraus nicht mehr anderweitig Geld verdienen zu gehen – auch, weil der DFB auf Druck der Vereine 1972 die Beschränkungen für Gehaltszahlungen an Fußballer ganz aufhob. Bis dahin galt eigentlich noch die 22 Jahre zuvor ausgesprochene Obergrenze, doch diese hatte ohnehin nur mehr in der Theorie Bestand. Praktisch war sie schon zur Einführung der Bundesliga 1963 auf 1200 Mark angehoben worden. Dazu wurde im Regelwerk ein Passus eingeführt, wonach »besonders qualifizierte« Spieler mehr als das Doppelte verdienen konnten und nicht mehr nebenher einer geregelten Tätigkeit nachgehen mussten. Sie durften, wenn sie denn noch wollten.

Seelers offizielles Gehalt als zweifelsohne besonders qualifizierter Angestellter des HSV betrug 1963 exakt 2500 Mark. Die Weltmeister Hans Schäfer oder Max Morlock verdienten etwas weniger, und privilegierte Jungkicker wie Fredi Heiß oder Hans Küppers von 1860 München kamen auf 1800 Mark brutto. Dazu jedoch billigte der DFB sogenannte »Sonderzahlungen« wie Treue- und andere Extraprämien bis zu 10 000 Mark, was aufgrund des breiten Interpretationsspielraumes dieses Begriffes eifrig von den Vereinen genutzt wurde – treu konnte ein Spieler schließlich auch im zweiten Jahr sein, weshalb Jahresgehälter bis 50 000 Mark durchaus möglich waren, das Fünffache des Durchschnittslohnes. Das war zwar eine Menge Kohle, aber es entrückte die Empfänger nicht so sehr vom normalen Arbeitnehmer, wie es heute der Fall ist. Man kann und mag sich gar nicht mehr vorstellen, dass etwa Robert Lewandowski auf ein Einkommen von 40 000 Euro kommt – am Tag!

Auch Ablösesummen waren ab 1972 bis zu 50 000 DM erlaubt. Hielten sich Spieler oder Vereine nicht an diese Obergrenze, drohten drakonische Strafen. So wurde der damalige Nationaltorhüter Wolfgang Fahrian für sechs Monate gesperrt, nachdem er 1964 bei seinem Wechsel zu Hertha BSC Berlin ein Handgeld erhalten hatte, das die Grenzen des DFB um ein paar Tausend Mark überschritt.

Acht Jahre danach fielen jedoch sämtliche Beschränkungen – und nach und nach dann auch die Hemmungen. Günter Netzer strich bei Real Madrid fast 300 000 Mark im Jahr ein, Franz Beckenbauer lag ab Mitte der Siebziger bei Bayern deutlich darüber, und Gerd Müller kam dort fast auf eine halbe Million. Dennoch gab es trotz der immer höheren Summen, um die es inzwischen ging, einen fundamentalen Unterschied zur heutigen Zeit: Ein Wort unter Männern galt noch etwas – und erst recht ein Vertrag, unter dem die Unterschriften der Vertragspartner absolute Rechtsverbindlichkeit signalisierten.

Ich kann mich nicht erinnern, ob in meinem ersten Panini-Album, das ich mir irgendwann in der Winterpause der Saison 1983/84 kaufte und je nach aktuellem Taschengeldaufkommen nach und nach befüllte, die Doppelseite von Bayer 04 Leverkusen am Ende vollständig gewesen ist – dieser Verein interessierte mich nicht. Seine Spieler hießen Jürgen Gelsdorf, Peter Hermann oder Jürgen Röber und waren mir egal. Nur ein einziger Mann mit einer beeindruckenden dunklen Mähne stach heraus: Bum-Kun Cha. Ausländer gab es in der Bundesliga damals nämlich nur sehr wenige: 351 Spielern mit deutscher Staatsangehörigkeit standen vier Schweden, je drei Isländer, Österreicher und Polen, je zwei Jugoslawen, Griechen, Japaner, Dänen und Norweger sowie eine Handvoll einzelner Spieler aus anderen Nationen gegenüber – wie auch dieser Koreaner mit dem in meinen Ohren putzigen Namen. Ansonsten aber war mir der Klub schon deshalb suspekt, weil auf dem giftigen Ameisenköder, den mein Vater regelmäßig im Garten ausstreute, dasselbe Logo zu sehen war wie auf dem Vereinswappen. Und weil ich das Sammelalbum als Erwachsener dummerweise eines unachtsamen Tages wegwarf, weiß ich erst recht nicht mehr, ob ich damals einen gewissen Wolfgang Vöge eingeklebt habe – einen eher unauffälligen Stürmer, der in jener Saison für Leverkusen in dreißig Spielen sechs Tore schoss.

Bayer war Vöges letzte Station in Deutschland. Vor dem Engagement beim Ameisenköderklub hatte der nur 1,72 Meter große Blondschopf 112 Einsätze für den BVB absolviert, mit dem er 1976 in die Erste Liga aufgestiegen war. Danach, mit 29, wechselte er in die Schweiz, um seine Karriere in Lugano, Winterthur und Zürich langsam ausklingen zu lassen. 1988 endete diese dann abrupt mit einem schweren Kreuzbandriss samt Knorpelschaden im Knie. Vöge lag wochenlang im Krankenhaus, und weil er, anders als manch anderer Mitspieler, schon zu seiner aktiven Zeit ein emsiger Netzwerker war, besuchten ihn auch einige Offizielle in der Klinik, um mit ihm zu plaudern. Einer der Besucher war ein Vereinsvertreter des AC Bellinzona, der beiläufig erwähnte, gerade händeringend einen erfahrenen Abwehrspieler zu suchen. Vöge dachte an seinen alten Bundesligakollegen Wilfried Hannes und rief ihn an. Hannes war nach seiner erfolgreichen Zeit in Mönchengladbach beim FC Schalke etwas ins Hintertreffen geraten und hatte sich mehrfach darüber bei seinem Freund ausgekotzt.

Vöge schwärmte von den Schönheiten des Tessins und wie bequem es in der Schweiz doch mit dem Fußballspielen und vor allem dem Geldverdienen sei. Nach einigen Telefonaten lotste er seinen Kumpel schließlich nach Bellinzona und kassierte dafür eine ordent-

80 | EIN SPIEL DAUERT 90 MILLIONEN

liche Provision. Vöge erkannte: Dieser eher zufällige Freundschafts-
deal war die Initialzündung für ein damals völlig neues Geschäftsmodell. Und nachdem er selbst nicht mehr kicken konnte, aber eine
Menge Kontakte zu allen möglichen Spielern und Funktionären besaß und zudem ein guter Verhandler war, gründete er kurz darauf ein
eigenes Dienstleistungsunternehmen namens »International Football Management«, das im Grunde nichts anderes machte, als Fußballprofis von einem Verein zum anderen zu transferieren und daran
mitzuverdienen.

Auch vor Vöges Einfall, Spielervermittlungen zu professionalisieren,
hatte es natürlich jede Menge mal mehr, mal weniger seriöse Zeitge-
nossen gegeben, die sich im Dunstkreis des ein oder anderen bekannten Spielers aufhielten, um von dessen Ruhm und Einkünften oder
im Idealfall von beidem zu profitieren. Der geniale Rudi Brunnenmei-
er etwa – ein besonders tragisches Beispiel für leicht beeinflussbare
Ballkünstler – hatte stets die falschen Einflüsterer um sich herum.
Deshalb führte er nicht nur einen für Leistungssportler allzu unsteten Lebenswandel, der in einer zweiwöchigen Haftstrafe aufgrund einer von ihm angezettelten Wirtshausschlägerei gipfelte. Er gab auch
sämtliche Einnahmen für zwielichtige Gestalten und unnützen Tand
aus, sodass er nach seinem Karriereende als alkoholkranker Raus-
schmeißer in einem Münchner Stripschuppen endete. Andere Spieler ließen ihre Freunde, Väter, älteren Brüder oder gar Ehefrauen die
Geschäfte regeln, die dann mit juristischem Halbwissen die Verträge
durchlasen und mal mehr, mal weniger sinnvolle Ratschläge erteil-
ten. Seit den Siebzigerjahren gab es auch noch die sogenannten Manager – das waren Geschäftsmänner, die sich mit der allumfassenden
Beratung von Spielern eine einträgliche Existenz aufgebaut hatten.
    Norbert Pflippen war hier einer der Wegbereiter. An seinen aller-
ersten Kunden Günter Netzer geriet er durch puren Zufall – in der
Mönchengladbacher Stadtverwaltung, wo Pflippen arbeitete und der
Fußballstar regelmäßig seine Strafzettel bezahlen musste. Aus dieser

Begegnung entwuchs mit der Zeit ein tiefes Vertrauensverhältnis – allerdings war es nicht Pflippen, sondern Netzer, der das geschäftliche Potenzial erkannte, das darin steckte, wenn nicht er oder seine Frau, sondern ein möglichst geschickter Dritter die Verhandlungen mit seinem Arbeitgeber und möglichen Werbepartnern führte. Er stockte das Gehalt von Norbert Pflippen von 1600 auf 2000 Mark auf und sicherte sich so dessen Dienste. Schnell sprach sich in der Mannschaft herum, welche Privilegien der geschickte Berater bei den Vertragsgesprächen für seinen Mandanten heraushandeln konnte. Andere Gladbacher wie Berti Vogts, Rainer Bonhof, Jupp Heynckes sowie später Winfried Schäfer und Frank Mill folgten.

Auch Franz Beckenbauers Mentor, Freund und persönlicher Berater Robert Schwan war auf diesem Feld ein Pionier. Schwan hatte schon 1964 in seiner Funktion als ehrenamtlicher Spielausschussvorsitzender beim FC Bayern bemerkt, welch 19-jähriger Rohdiamant vom SC 1906 München da zum Probetraining bei den »Roten« an der Säbener Straße vorbeischaute, weil er ein paar Jahre vorher während des Vorspielens bei seinem eigentlichen Wunschverein TSV 1860 eine Ohrfeige vom weniger talentierten und deshalb eifersüchtigen Mitspieler Gerhard König kassierte. Schwan nahm den jungen Beckenbauer umgehend unter die Fittiche und galt in der Folge als Architekt seiner Weltkarriere, an der er als »Mister zwanzig Prozent« freilich kräftig mitverdiente. Nachdem Schwan, der mittlerweile hauptamtlicher Manager bei den Münchnern geworden war, ausgerechnet den »Kaiser« 1977 auf eigene Rechnung nach New York verkaufte, verlor er seinen Job beim FCB. Beckenbauer blieb er dagegen bis zu seinem Lebensende verbunden.

Von Holger Klemme, der Ende der 1970er keine Lust mehr auf das Gleisbauunternehmen seines Vaters verspürte und sich lieber auf den Fußball konzentrierte, wird die Geschichte erzählt, dass er seinen damals wertvollsten Schützling, den Nachwuchsstürmer Rudolf Völler, überredete, nach dem Abstieg 1981 mit dem TSV 1860 München den Weg in die Zweite Liga mitzugehen. »Schieß da 30 Tore, dann kannst du dir deinen Verein aussuchen«, habe Klemme zu Völler gesagt, und der spätere Bundestrainer stimmte zu – unter einer Bedingung: Für jeden Treffer für die »Löwen«, der am Saisonende oberhalb der Marke 30 lag, wollte er einen Tausender extra von seinem Berater. Völler schoss 37 Tore, davon allein vier im letzten Spiel gegen seinen Ex-Verein Kickers Offenbach. Nachdem Klemme zähneknirschend 7000 Mark abgedrückt hatte, soll Rudi 2000 davon grinsend an seinen alten Bekannten, den Offenbacher Verteidiger Michael Kutzop, abgegeben haben, der ihm als sein Gegenspieler an diesem Tag freie Bahn gelassen hatte. Trotzdem verpassten die Münchner den Aufstieg, der DFB entzog ihnen kurz darauf die Lizenz, und der Nachwuchsstar wechselte, wie von Klemme versprochen, zu Werder Bremen. So hatten alle etwas davon. Bis auf die Münchner »Löwen« natürlich.

Holger Klemme war es auch, der den Beruf des Beraters 1983 gewissermaßen legitimierte. Der DFB sah seine Tätigkeit mit Argwohn und ließ prüfen, ob man ihn nicht wegen »illegaler Arbeitsvermittlung« aus dem Verkehr ziehen konnte – damals eine Straftat, denn Jobs vermitteln durfte nur die Bundesanstalt für Arbeit (BfA). Doch der findige Betriebswirt aus Bonn kannte einen CSU-Politiker, und der wiederum kannte den Vorstand der Nürnberger Behörde. Die hatte noch ein Jahr zuvor verlauten lassen, Vereinswechsel seien »widerlicher Menschenhandel«. Klemme fuhr nach Nürnberg, redete mit dem BfA-Chef – und danach war seine Tätigkeit legal. »Schwarzgeld-Mafiosi« und »Provisionshaie« blieben ihm dennoch zuwider.

Als Provisionhai sah sich auch Wolfgang Vöge sicher nicht. Doch Pflippen, Schwan und auch Klemme waren noch schlitzohrige Einzelkämpfer, die sich eher als Anwälte, Kindermädchen und vor allem Kumpel ihrer Kicker betrachteten und mit ihnen auch schon mal um die Häuser zogen. Vöge dagegen avancierte einige Jahre später zum ersten hauptberuflichen Spielerhändler, der das leicht anrüchige Metier von schummrigen Bars und dunklen Hinterzimmern in die

Kulisse von schicken sauberen Agenturen verpflanzte, wie er selbst eine betrieb. Und der Gewinn von eben solchen Spielerhändlern maximierte sich nur dann, wenn sie ihre Klienten zum Vertragsbruch überreden konnten. Mit diesem Geschäftsmodell kam ein Milliardenkarussell in Gang, dessen Tempo heute geradezu absurde Ausmaße angenommen und das in den vergangenen Jahren den Anstand aus dem Fußball weitgehend herausgedrängt hat: Allein von 2013 bis 2017 verdienten die der UEFA bekannten Kuppler 1,27 Milliarden Euro. Das ergab ein Bericht des europäischen Fußballverbandes, der dafür rund 2000 Transfers unter die Lupe nahm, bei denen die Spielervermittler im Schnitt 12,6 Prozent der Ablösesumme verdienten.

Die berüchtigtste Figur der Szene ist der Italiener Mino Raiola, der allein für die letzten Wechsel von Zlatan Ibrahimović, Paul Pogba und Henrikh Mkhitaryan zu Manchester United 30 Millionen Euro an Prämien kassierte. Dieser Mann ist kein Berater mehr, sondern nur noch die lächerliche Karikatur eines ehrlichen Beistandes, der zuallererst das Wohl seines Spielers im Auge haben sollte. Alleine bei Ibrahimović fädelte er im Laufe der Jahre 6 Transfers mit 160 Millionen Euro Gesamtsumme ein, seit er 2004 dessen Vermarktungsrechte erwarb. Dass es dabei noch ansatzweise darum ging, sich der nächsten sportlichen Herausforderung zu stellen oder zu einem Wunschverein zu wechseln, glaubte nicht mal Raiola selber. Er machte keinen Hehl mehr daraus, dass ihm die hehre Sache am Allerwertesten vorbeiging: »Wenn ich einen großen Spieler bewege, dann bewegt sich der Markt mit«, teilte der selbst ernannte Pate des europäischen Fußballs und einstige Aushilfsgastronom im Zuge des Pogba-Transfers mit, der ihm 21 Millionen Euro an Provision einbrachte. »Ich kreiere den Markt, weil ich die Fähigkeit dazu habe.«

Dass die Aussicht auf wenigstens einen Bruchteil solcher Summen längst eine Menge Scharlatane anzieht, versteht sich von selbst. Inzwischen sind beim DFB fast 800 Vermittler gemeldet, und geschätzt weitere 1500 bis 2000 operieren ohne Kenntnis des Verbandes. Unter Ersteren sind berühmt gewordene Vertreter wie Roland Eitel und Robert Schneider – und ebenso Volker Struth, der vor seinem Einstieg ins Beraterbusiness mit der Erfindung der Deutschlandfahne fürs Autofenster reich wurde. Diese Exemplare von Vermittlern sind zwar ebenfalls daran interessiert, dass stets der nächste, noch lukrativere Kontrakt abgeschlossen wird – wenn nicht beim jetzigen, dann eben beim nächsten Klub. Aber sie beraten trotz des Strebens nach der maximalen Rendite ihre Spieler halbwegs ehrlich und lehnen gelegentlich auch mal einen Deal ab, wenn sie ihn für falsch halten. Aber es gibt eben auch unzählige halbseidene Glücksritter, die sich an junge und unerfahrene Burschen hängen, um eines fernen Tages die branchenüblichen sechs bis zwölf Prozent Gehaltsanteil einstreichen zu können und natürlich die besonders lukrative zehnprozentige Beteiligung an den Transfersummen.

Weil aber in den obersten drei deutschen Ligen nur rund 1500 Kunden zu finden sind, von denen die meisten vermutlich mehr Arbeit machen als sie am Ende Kohle einbringen, ist der Markt an der Spitze härter umkämpft als jedes noch so erbittert geführte Außenbahnduell auf dem Platz. Nur wer mindestens ein, zwei hochkarätige Erstligaspieler in seiner Kartei vorweisen kann, hat die Chance, tatsächlich ein solch großes Stück vom Kuchen abzubekommen, dass er davon satt wird. Und so balgen sich die Berater auch untereinander um die 180 Millionen Euro Honorar, die allein im Jahr 2016 in Deutschland geflossen sind. Dabei kommt lediglich ein Fünftel der Vermittler am Ende auch an die dicken Fische und schöpft 80 Prozent des Gesamtumsatzes ab.

»Man muss auf den Fußballplätzen und im Stadion sein«, erzählte Manfred Schulte unlängst in einem beachtlich ehrlichen Interview. Schulte, der einst als Manager beim Sportartikelhersteller Puma arbeitete, war der erste vom DFB lizenzierte Berater und wickelte bisher rund 150 Transfers mit einem Volumen von 25 Millionen Euro ab. Er schildert sein Geschäft als 24-stündige Rundumbetreuung, bei der man auch schon mal Trost wegen einer Verletzung spenden oder bei der Suche nach einer neuen Wohnung helfen muss. Während Schulte

sich wenigstens weigert, minderjährige Klienten aus den Nachwuchs-
mannschaften von Leer bis Garmisch-Partenkirchen abzufischen,
stehen seine moralisch etwas flexibleren Kollegen heute schon bei
unbedarften Kindern und deren Eltern auf der Matte und versprechen für eine Unterschrift unter einen langfristigen Beratervertrag
nicht nur ein stattliches Anfangshonorar, sondern oft auch das Blaue
vom Himmel. Und das alles in der schieren Hoffnung, dass unter all
den jungen Kerls, die noch nichts vom Leben wissen, vielleicht in
Bayern- oder Dortmund-Bettwäsche schlafen und den Traum haben,
so berühmt zu werden wie Philipp Lahm oder Mario Götze, der eine
neue Mats Hummels oder die Teenagerausgabe eines Toni Kroos zu
finden ist. Eine fürchterliche Maschinerie.

»Es gibt sehr viele, die sich Berater nennen und versuchen, den
Spielern klarzumachen, dass sie es am besten können, und ihnen den
besten Vertrag beim größten Klub besorgen«, urteilt Schulte. »Für
den Spieler und seine Familie ist das total schwer einschätzbar, wer
vertrauenswürdig ist und wer nicht.«

Schon ab dem 15. Lebensjahr ist heutzutage ein sogenannter
»Fördervertrag« möglich, der einen Spielervermittler für die Beratung legitimiert. Oft kommt es vor, dass ein Berater dann über Jahre hinweg die Karriere eines Spielers fördert, Kontakte knüpft und
selbst viele Tausend Euro in ein Talent investiert. Und am Ende doch
mit leeren Händen dasteht, weil der Spieler eben nicht den Sprung
nach oben schafft. Oder weil ein weniger zimperlicher Konkurrent
der Familie mit noch mehr Geld den Kopf verdreht hat. Es ist ein per-
verses Lotteriespiel mit Schicksalen und Wünschen. Mitleid mit den
Menschenfängern ist trotzdem nicht angebracht, selbst wenn sie sich
zunehmend gegenseitig zerfleischen.

Das wiederum liegt vor allem daran, dass im Jahr 2015 die vergleichsweise schwer zu bekommende FIFA-Lizenz abgeschafft wurde. Seitdem müssen die Vermittler ihre Lizenz beim jeweiligen Landesver-
band beantragen. Das noch von Ex-Präsident Joseph Blatter angefer-

tigte neue Reglement stellte zwar einige Mindeststandards auf, die es weiterhin einzuhalten gilt. Im Grundsatz aber kann man sagen, dass sich heute jeder als Spielervermittler anmelden kann, der den entsprechenden Antrag ausfüllt und ein aktuelles Führungszeugnis einreicht. Dieses offizielle Prozedere kann auf der Homepage des DFB mittlerweile sogar online vorgenommen werden, und für schlappe 500 Euro Bearbeitungsgebühr ist man dann drin im Haifischbecken. Es ist ein bisschen wie beim Goldrausch im Wilden Westen, nur dass man heute ein leistungsstarkes Mobiltelefon bedienen können muss, denn einhundert Anrufe und mehr pro Tag sind die Regel.

Selbstverständlich wissen die Beteiligten um die Summen, um die es im internationalen Fußball gegenwärtig geht. Durch die auf 1,2 Milliarden Euro massiv gestiegenen Einnahmen aus dem Verkauf der Fernsehrechte ist allein in der Bundesliga fast doppelt so viel Geld im Umlauf wie noch im Jahr zuvor. Europaweit haben die vier großen Ligen in England, Spanien, Italien und eben Deutschland zuletzt Transfers für 4 Milliarden Euro abgewickelt. Natürlich lassen die Verhandler der Spielerseite nichts unversucht, damit der Markt immer wieder neu in Bewegung gerät, und genau darin liegt das Grundübel: Niemand besitzt mehr ein Interesse daran, dass alles so bleibt wie es ist – selbst, wenn es gut war. Erst wenn eine Veränderung erfolgt, rollt der Rubel: Wechselt der Spieler sofort, wird sein Agent mit meist zehn Prozent an der Ablösesumme beteiligt. Wechselt der Spieler dagegen erst nach Ablauf seines Vertrages, wird aufgrund der »gesparten« Ablöse eine Provision fällig, an der ebenfalls der Berater prozentual beteiligt ist.

Trotz der immensen Konkurrenz sei der deutsche Markt noch immer nicht ausgereizt, erzählt ein Fußballfunktionär, der für drei namhafte Profivereine gearbeitet hat und in diesem Buch ungenannt bleiben möchte. Der erfahrene Manager schätzt, dass sich das durchschnittliche Gehaltsbudget eines normalen Bundesligavereins in den vergangenen 20 Jahren mindestens verdoppelt hat, von 20 auf fast 40 Mil-

lionen Euro. Und das wissen, weil Geld auch in der Kabine ein großes Thema ist, natürlich auch die Spieler und deren Berater. »Wer zu
mir ins Büro kam, der hatte schon längst vorher mitbekommen, was
man bei uns verdienen kann«, lautet das Fazit des Insiders nach zwei
Jahrzehnten im Spitzenfußball. »Deshalb braucht man eigentlich gar
nicht mehr lange zu verhandeln, wenn man einen Spieler unbedingt
haben möchte. Entweder man bezahlt den geforderten Betrag. Oder
jemand anders bezahlt ihn.« Wenn ein Verein einen Kicker unbedingt
haben wolle, müsse eben zuerst der Berater mit Geld zugeschissen
werden.

Die Bundesliga ist dabei für alle Beteiligten klar in drei monetäre
Kategorien aufgeteilt – es gibt die großen Vereine Bayern München,
Borussia Dortmund, Schalke 04 und mit Abstrichen Wolfsburg, Leverkusen und Leipzig. Hier wird die ganz große Kohle verdient, die
man nur noch bemerkenswert steigern kann, wenn man ins Ausland
geht. In der mittleren Kategorie rangieren die Klubs aus Frankfurt,
Hamburg, Gladbach, Hoffenheim, Berlin oder Stuttgart, bei denen
die Durchschnittsgehälter zwar reichen, um binnen zwei oder drei
Jahren zum Nettomillionär zu werden, die aber mit den großen Sechs
nicht mithalten können. Kommt für einen guten Kölner, Bremer oder
Hannoveraner Spieler ein entsprechendes Angebot, ist der Spieler so
gut wie weg – ganz egal, was in seinem Arbeitspapier steht und wie
wohl er sich in der Stadt fühlt. Ganz unten rangieren die kleineren
Klubs wie Augsburg, Freiburg oder Mainz, die von vornherein wissen,
dass ihr Geschäftsmodell auf dem regelmäßigen Verkauf ihrer besten
Mitarbeiter beruht. 400 000, 500 000 oder 600 000 Euro Grundgehalt im Jahr sind zwar auch hier kein Problem mehr, solche Summen
zahlen inzwischen aber auch englische Zweitligisten.

Diese Unkultur des ganz großen Geldes fängt bereits in der B-
Jugend an, wo offiziell lediglich monatliche Aufwandsentschädigun-
gen von 250 Euro statthaft sind; eine Summe, die sich später in der
A-Jugend verdoppelt. Weil aber solvente Klubs bemerkt haben, dass
man allein mit solch überschaubaren Beträgen die hoffnungsvollsten

88 | EIN SPIEL DAUERT 90 MILLIONEN

Jungstars nicht von sich überzeugen kann, findet man dort und natürlich auch anderswo kreative Wege, wie man gemeinsam mit dem Vermittler die vielleicht anfangs noch skeptische Familie überzeugen kann. So mancher Vater eines Halbwüchsigen stand schon jahrelang als »Nachwuchsscout« auf der Gehaltsliste eines Bundesligavereins mit einer Vergütung von ein paar Tausend Euro im Monat, ohne je ein Jugendspiel besucht zu haben. Und auch im Nachwuchsbereich sind Provisionen und Boni in der Größenordnung von 10 000 Euro an der Tagesordnung – alles in der Hoffnung, dass aus einem Talent irgendwann mal ein Profispieler wird.

Es ist noch nicht abzusehen, wie massiv das Beraterwesen den Fußball noch verändern wird. Zuletzt versuchte die Branche selbst, sich eine Art Verhaltenskodex aufzuerlegen. So gibt es neuerdings die Deutsche Fußballspieler-Vermittler Vereinigung e.V. (DFVV) als Regulativ – und mit ihr einige Regeln, zu deren Einhaltung sich die Mitglieder verpflichtet haben. Einen Vereinswechsel zu erpressen soll demnach künftig tabu sein. Doch was nützen solcherlei Festlegungen, wenn sich der große, nicht im Verband organisierte Rest des Berufszweiges nicht daran hält?

Solange Spieler wie Hakan Calhanoglu, Julian Draxler, Ousmane Dembélé, Anthony Modeste oder Pierre-Emerick Aubameyang ihre Klubs zum Narren halten und den Fortgang zu einem noch zahlungskräftigeren Arbeitgeber mit Legitimierung oder gar auf Befehl ihres Beraters erpressen können, muss einem für die Zukunft dieses Sports angst und bange sein. Calhanoglu ließ sich in Hamburg kurzerhand von einer Neurologin für vier Wochen krankschreiben, um dann bei Bayer Leverkusen eine Wunderheilung zu erfahren. Draxler erklärte öffentlichkeitswirksam in Interviews, dass er keine Lust mehr habe, für den VfL Wolfsburg zu spielen, den er bei seiner Vorstellung ein Jahr zuvor noch als »Wunschverein« bezeichnet hatte. Dembélé schaltete kurzerhand sein Handy aus und erschien nicht mehr zum Dortmunder Training, nachdem der FC Barcelona mit den Scheinen winkte. Modeste verhandelte längst in China, als er den Kölner Fans bei der Saisoneröffnung noch lachend berichtete, an den Gerüchten um einen Abschied nach Asien sei überhaupt nichts dran. Und Aubameyang schob eine Verletzung vor, um nicht mit seinem Team zum Auswärtsspiel fahren zu müssen, und kickte stattdessen mit ein paar Kumpels in der Halle, bevor er in England vorgestellt wurde. Derlei Flegel wären früher von ihren Mitspielern ein paar Minuten unter eine kalte Dusche gestellt worden, um ihnen die Flausen auszutreiben. Stattdessen werden sie heute für ihr ungebührliches Verhalten noch belohnt.

Und weil man sich im modernen Fußball derartige Unverschämtheiten gefahrlos leisten kann, werden sich die Berater auch weiterhin wie Kletten an die kleinen Talente hängen und erst recht an die großen Stars. Sie werden sich mit Vereinsvertretern in teuren Hotels, in den Lounges der Flughäfen oder zur Not auf Autobahnrastplätzen treffen und den nächsten Millionenvertrag vereinbaren, obwohl der alte noch ein paar Jahre Laufzeit besitzt. Und dann werden sie ihrem Mandanten einreden, dass München viel mehr zu bieten hat als Gelsenkirchen und Paris viel mehr als München und London viel mehr als Paris. Die Frauenkirche, der Eiffelturm oder der Buckingham Palast werden dabei allerdings keine Rolle spielen, denn sehenswert ist in diesem Zusammenhang nur die eine Zeile, in der das neue Gehalt und das Handgeld stehen. Aber für zehn, fünfzehn, zwanzig Millionen Euro per annum ist es wahrscheinlich für ein paar Jahre selbst in tiefster chinesischer Provinz auszuhalten, zumindest wenn man abgeschottet von der Außenwelt in einem schicken Appartement wohnen kann, in dessen Tiefgarage drei Maseratis und zwei Hummer stehen.

Mein Schulkamerad Thorsten dagegen hielt selbstverständlich seine Zusage ein, mit zwölf Jahren zum 1. FC Nürnberg zu wechseln, obwohl zwischenzeitlich auch der FC Bayern München einen Talentsucher 160 Kilometer weiter nördlich zum Post SV geschickt hatte –

mit ein wenig mehr Argumenten im Gepäck als 150 Mark und einem Trainingsanzug aus Polyester. Thorsten erzählte mir dies erst viele Jahre später, und ich wunderte mich einerseits, dass solches Gebaren scheinbar bereits in den Achtzigerjahren üblich war, und andererseits, dass Thorsten das Angebot nicht angenommen hatte. Aber er und sein Vater standen beim FCN im Wort, und das zählte damals noch mehr als das Geld. Profi ist er leider aber auch hier nicht geworden. Bei einem A-Jugendspiel ein paar Jahre später rutschte ihm der Gegenspieler auf nassem Rasen so unglücklich zwischen die Füße, dass Thorsten sich das Schien- und Wadenbein brach und nie wieder auf einem Fußballplatz stehen konnte. Alles, was ihm vom Fußball blieb, waren eine Metallplatte im linken Bein und die Erkenntnis, dass selbst der geschäftstüchtigste Berater in diesem schicksalhaften Moment nicht hätte helfen können, ganz egal, was er vorher vielleicht versprochen hatte.

WEIL GÜNTER EICHBERG NICHT MEHR FRIEREN WOLLTE

ODER: DER ABSCHIED VON DER STADIONKULTUR

Wenn ich an die Stadionbesuche meiner Kindheit und Jugend denke, dann herrschte bei den Spielen eigentlich nie schönes Wetter. Entweder war es ungemütlich und kalt und der Wind pfiff heftig über den obersten Rang in den Block hinein, sodass die Fans ihre Fahnen nicht mal mehr schwenken konnten, sondern einfach nur in die Luft halten mussten. Oder es regnete, dann standen vor uns Zuschauer, die mit ihren Schirmen die Sicht aufs Spielfeld versperrten, und hinter uns welche, von deren Schirmen das Wasser in unsere Krägen tropfte. Wir dagegen hatten nie einen Schirm dabei. Mein Vater trug bei solchen Witterungsbedingungen imprägnierte Schuhe, eine Prinz-Heinrich-Kappe und seine gefütterte Polyesterjacke, das musste reichen. Und wenn mein Vater keinen Regenschutz brauchte, dann brauchte ich auch keinen, nur die Strickmütze von Oma und meinen Anorak, auch wenn meine Mutter uns deshalb stets maßregelte. Nicht, dass ich wüsste, im Stadion jemals einen Sonnenbrand bekommen oder mich nach Schatten gesehnt zu haben – gefühlt gingen wir so gut wie immer pitschnass zu unserem Auto zurück, und mein Vater drehte

92 | EIN SPIEL DAUERT 90 MILLIONEN

die Heizung anschließend ein paar Minuten auf volle Leistung, bevor
wir losfuhren. Höchstwahrscheinlich war es durchaus ab und zu hei-
ter und warm, zumal damals der Frühling noch ein Frühling und der
Sommer noch ein Sommer waren, aber daran erinnere ich mich nicht
mehr. Das Seltsame ist nur, dass ich den Wind und den Regen und die
Kälte wirklich schön fand. Solche Witterungsbedingungen gehörten
einfach dazu. Fußball war ein Freiluftsport, und nie wäre ich auf die
Idee gekommen, dass es in diesem Stadion eines Tages auf konstante
Temperaturen beheizte Glasboxen geben würde, in denen man während des Spiels auf Polstersesseln sitzen und sich von einer Hostess
im roten Minirock bedienen lassen konnte.

Das Städtische Stadion in Nürnberg unterschied sich in Sachen
Komfort nicht wesentlich von den anderen Spielstätten der ersten
und zweiten Bundesliga. Ich selbst kannte außerhalb meiner Heimatstadt anfangs nur noch den Betzenberg, weil die Verwandtschaft
meiner Mutter aus Kaiserslautern stammte. Unsere dortigen Stipp-
visiten bei der Sippe legten wir auf Geheiß meines Vaters immer so,
dass er sich wenigstens ein Fußballspiel anschauen konnte, wenn
er schon zu Tante Erna und Onkel Hubert mitfahren musste. Allerdings war ich beim ersten Anblick des »Betze« etwas enttäuscht: Es
handelte sich mitnichten um einen Berg nach alpiner Definition,
sondern allenfalls um einen mickrigen Hügel. Das Stadion an sich
aber fand ich bemerkenswert, denn dort waren gleich zwei Bereiche
überdacht: Wie bei uns existierte eine kleine Haupttribüne, auf der
vor allem die Pressevertreter sowie die Honoratioren und Ehren-
gäste saßen, also der Oberbürgermeister und die Herren Räte, die
Walter-Brüder und vermutlich noch Horst Eckel. Aber in Kaiserslautern hatte man auch auf die gegenüberliegende, deutlich größere
Sitzplatztribüne ein durchgehendes Dach gesetzt. Das war baulich
ziemlich beeindruckend und für die Achtzigerjahre aller Ehren wert.
Dass man hinter einem der beiden Tore nicht auf einem Bauwerk im
engeren Sinn stand, sondern auf einer Art Graswall, tat der Wirkung
keinen Abbruch.

WEIL GÜNTER EICHBERG NICHT MEHR FRIEREN WOLLTE | 93

Einige Jahre später, als ich alt genug war, um mit meinen Freunden zusammen auch mal mit dem D-Zug ein Auswärtsspiel des 1. FCN zu besuchen, kamen einige weitere Spielorte dazu, zum Beispiel das Frankfurter Waldstadion, ebenfalls mit Dach und Gegenüberdach und einem großen Durchgangstor inmitten der Kurve, in dem jedes Mal ein Krankenwagen auf Kundschaft aus dem Fanblock wartete, die davon spätestens ab der 30. Minute auch regen Gebrauch machte – entweder, weil man sich untereinander prügelte oder besoffen vom Zaun fiel. Außerdem das Südwest-Stadion in Ludwigshafen mit seiner leuchtend roten Aschenbahn, das wir fast nicht gefunden hätten, weil wir es irrtümlich auf der gegenüberliegenden Rheinseite in Mannheim suchten, von wo unser heutiger Gegner, der SV Waldhof, stammte. Das drollige Stuttgarter Degerloch, das ein bisschen so aussah, als sei ein Sportplatz von einem Frachtflugzeug über einem schwäbischen Naturschutzgebiet abgeworfen worden. Und nicht zu vergessen das Stuttgarter Neckarstadion und das Münchner Olympiastadion, die beide oberhalb einer der beiden Kurven riesige Anzeigetafeln auf dem neuesten technischen Stand besaßen, sodass eine Änderung des Spielstandes bereits nach weniger als einer halben Minute in Leuchtpunkten darauf sichtbar war. Da wir als Gästefans immer direkt darunter stehen mussten, nutzten uns diese Meisterleistungen der Digitaltechnik zwar nichts – bewundernswert fand ich sie trotzdem.

Egal ob nun in Degerloch, in München oder in Frankfurt – überall, wo wir uns gerade befanden, war es in der Regel ebenfalls windig, ungemütlich und schlimmstenfalls nass im Stadion, genauso wie bei uns in Nürnberg. Womöglich herrschte woanders besseres Wetter, doch weiter als in diese paar Städte kamen wir nicht. Wir waren noch zu jung für einen Führerschein und unser Budget für Auswärtsfahrten war begrenzt. So kostete die Fahrkarte bis Stuttgart schon beinahe 20 Mark – und das mit dem üblichen ranzigen Sonderwaggon der Deutschen Bundesbahn, der aussah wie von einer Diebesbande ausgeschlachtet, und der bereits vor Fahrtbeginn verraucht war wie eine brennende Hafenspelunke. Uerdingen, Wattenscheid oder noch weiter von Nürnberg entfernte Bundesligaorte wie Hamburg oder Bremen waren nicht drin. Unsere Touren begannen meistens im Morgengrauen des Samstags und endeten im Morgengrauen des Sonntags. Sie waren auf eine eigentümliche Art romantisch, und mehr Komfort – etwa eine Anreise per Auto oder Flugzeug, ein trockener Sitzplatz, eine Ernährung jenseits von Bratwürsten in durchweichten Brötchen und Bier in Plastikbechern oder gar der Aufenthalt in einer klimatisierten VIP-Lounge – hätte dieser Romantik ohnehin nur geschadet. Fußball war weiß Gott nichts für Leute, die es gerne bequem hatten. Wir verspotteten ja schon diejenigen, die im Winter Handschuhe im Stadion trugen, weil man die Schneebälle mit bloßen Händen viel effektiver formen konnte, sodass sie den Linienrichter oder den gegnerischen Spieler beim Eckball auch wirklich trafen. Und überhaupt: Wer wollte schon in einem Stadion sitzen? Das konnte ich mir beim besten Willen nicht vorstellen, denn auf einem Sitzplatz konnte man sich nicht richtig bewegen und mitfiebern und seine Mannschaft standesgemäß anfeuern. Sitzplätze waren für Rentner und Versehrte – und vielleicht noch für Persönlichkeiten wie Max Morlock. Der hatte sich in seinem Leben genug für diesen Verein bewegt.

Vor 1974 hatten viele Stadien in Deutschland aufgrund der bevorstehenden Weltmeisterschaft eine Runderneuerung bekommen. Bis dahin sah es überall in etwa so aus wie bei uns in Nürnberg: Die Bauten an sich stammten meist aus den 1920er-Jahren, wurden im Krieg von den Alliierten zerbombt und danach mal mehr, mal weniger detailgetreu neu errichtet. Sie waren allesamt oben offen, bis auf die kleinen Haupttribünen, auf denen sich die einzigen Sitze befanden. Es gab kaum Flutlichtanlagen, keine Fluchtwege, wenig Infrastruktur wie Kioske und Imbissbuden und erst recht keine »neumodischen« Annehmlichkeiten wie Wasserspültoiletten mit Seifenspender und Handtuchhalter. Alleiniges Ziel: 10 000, 20 000 oder auch mal 50 000 Menschen möglichst platzsparend unterzubringen. Hier stand der Sport im Mittelpunkt, nicht das Drumherum, und bei großen Spielen standen die Zuschauer so dicht aneinander gedrängt, dass niemand in irgendeine Richtung hätte umfallen können, außer auf der Aschenbahn vielleicht, die bei solchen Anlässen gern als inoffizielle Tribüne genutzt wurde. Vermutlich gab es in jeder Stadt geschäftstüchtiges Einlasspersonal wie unseren guten alten Zabo-Herbert, sodass noch heute die Partie im Münchner Olympiastadion zwischen dem TSV 1860 und dem FC Augsburg am 15. August 1973 mit geschätzten 100 000 Zuschauern weltweit als das Zweitligaspiel mit der größten jemals erreichten Kulisse gilt.

Für 1974 aber bekamen zumindest die acht Spielstätten der Weltmeisterschaft eine spürbare Frischzellenkur: die Stadien in Hamburg, Hannover, Düsseldorf, Frankfurt und Stuttgart wurden jeweils für zweistellige Millionenbeträge umgebaut und die Zahl der Sitzplätze im Schnitt auf ein Drittel der Gesamtkapazität aufgestockt. Das Parkstadion in Gelsenkirchen und das Westfalenstadion in Dortmund wurden sogar eigens für das Turnier neu errichtet, was vor allem im Falle Dortmunds heftige Kritik nach sich zog. Schließlich spielte der örtliche Fußballklub zu diesem Zeitpunkt nur in der zweiten Liga, und niemand wusste, ob sich ein seinerzeit bereits fast komplett überdachtes Stadion für 53 000 Menschen in dieser Stadt lohnte – oder ob nicht die halb so große Kampfbahn Rote Erde weiterhin ausgereicht hätte. In München hingegen war das Olympiastadion mit seiner atemberaubenden Zeltdachkonstruktion ohnehin erst seit zwei Jahren in Betrieb, da musste man für die WM '74 nichts dran machen.

14 Jahre später fand in Deutschland dann erneut ein großes Turnier statt: die Fußball-Europameisterschaft. Gespielt wurde 1988 erneut in Hamburg, Hannover, Gelsenkirchen, Düsseldorf, Frankfurt, Stuttgart und München – nur Köln ersetzte Dortmund. Damals erschienen die Stadien der UEFA erstaunlicherweise allesamt noch gut genug, auch wenn sie schon etwas Patina angesetzt hatten. Aus heutiger Sicht erscheint es undenkbar, für ein derartiges Großereignis

96 | EIN SPIEL DAUERT 90 MILLIONEN

lediglich kleinere Schönheitsreparaturen vorzunehmen – allein für die Fußball-EM 2016 in Frankreich wurden Baukosten in Höhe von 1,16 Milliarden Euro veranschlagt. 1988 hingegen erhielten Frankfurt und Stuttgart lediglich die ersten farbigen Videowände, andernorts wurden Rasenheizungen installiert, provisorische Pressezentren errichtet und ein paar zusätzliche Klos aufgestellt – das war alles. Wohl nur wenige Zuschauer, die damals bei einem der EM-Spiele dabei waren, hätten gedacht, dass die letzte Stunde für all diese Stadien schon geschlagen hatte und sich die gesamte deutsche Stadionkultur bald darauf für immer verändern würde.

Einen gehörigen Anteil daran hatte ein Mann namens Günter Eichberg. Der gebürtige Gütersloher absolvierte eine Lehre bei der AOK und war später umtriebiger Kurdirektor des Städtchens Olsberg im Hochsauerland, in das von der Arbeit unter Tage geplagte Kohlekumpel zum Wassertreten und Inhalieren geschickt wurden. Eichberg erkannte, dass das deutsche Kassensystem viele Möglichkeiten bot, um es optimal auszunehmen. Er übernahm eine schlecht laufende Kurklinik in Bad Bertrich und wandelte sie in ein Spezialspital für Venenerkrankungen um. Danach kaufte er eine weitere Klinik und dann noch eine – bis er am Ende ein stattliches Gesundheitsimperium besaß und ein schwerreicher Unternehmer war, den allerdings kaum jemand kannte. Das sollte sich ändern. Der in Düsseldorf wohnhafte Eichberg sah den Fußball als ideales Betätigungsfeld für einen wie ihn und kaufte der Fortuna zwei Spieler. Trotz dieser Großzügigkeit wollten sie ihn im Verein nicht haben. Gekränkt versuchte er es 50 Kilometer weiter nordöstlich in Gelsenkirchen. Der dortige FC Schalke 04 dümpelte nach einem verheerenden Jahrzehnt mit Auf- und Abstiegen in der zweiten Liga herum, war chronisch klamm und zitterte Jahr für Jahr um seine Lizenz. Da kam ein sonnengebräunter Multimillionär mit großen Träumen gerade richtig, und so wurde Günter Eichberg im Januar 1989 mit überwältigender Mehrheit zum Präsidenten gewählt.

Einer dieser großen Träume betraf das Parkstadion. Das war zwar auch erst zarte 16 Jahre alt, aber es genügte den Ansprüchen von Eichberg nicht mehr. Ohnehin stand der Bau, der ab 1973 die ehrwürdige Glückauf-Kampfbahn ersetzte, unter keinem guten Stern. Erst sollte er »Ruhrstadion« heißen, aber die Stadt Bochum war mit den Namensrechten für ihr eigenes neues Stadion schneller gewesen. Dann wurde die Sportstätte schon vor der Eröffnung wegen ihrer Weitläufigkeit kritisiert, und außerhalb des berühmten Block Fünf war die Stimmung tatsächlich oft mau, weil das Spielfeld so weit weg von den Rängen war wie nirgendwo sonst im deutschen Profifußball. Und schließlich traten infolge des Kohleabbaus auch noch überall Bergschäden auf, deren Ausbesserungen immer kostspieliger wurden. Vor allem aber suchte Günter Eichberg fieberhaft ein Leuchtturmprojekt, das bei den Schalkern auf ewig mit seinem Namen verbunden sein würde. Außerdem störte sich der neue Chef daran, dass es auf der Haupttribüne trotz des Daches zog wie Hechtsuppe, da nutzte auch die topmoderne Rolltreppe nichts, die vom Spielertrakt hinab auf die Tartanbahn führte. Nachdem er sich zehn Heimspiele lang den Wind um den Kopf wehen lassen musste, kündigte Eichberg den Schalkern am 29. August 1989 an, dass spätestens drei Jahre später eine neue Superhalle das Parkstadion ersetzen solle: die »Arena im Berger Feld«, mit Baukosten in Höhe von rund 100 Millionen Mark. Vorbild dafür war die »Amsterdam Arena«, die seit Anfang der Achtzigerjahre in der niederländischen Hauptstadt geplant wurde und die als erstes europäisches Stadion diesen großspurigen Namenszusatz trug. Allerdings war ein Jahr später in Gelsenkirchen noch kein einziger Spatenstich getan. Die Baukosten hatten sich indes wegen des löchrigen Untergrunds bereits verdreifacht. Eichberg hielt dennoch an seinem Zeitplan fest und präsentierte stolz eine texanische Betreibergesellschaft, die das Megaprojekt mit ausschließlich Sitz- und mehr als 2500 Logenplätzen zusammen mit der Holzmann AG realisieren sollte. Sobald die Hälfte der Logen an Sponsoren vermietet wäre, würde es losgehen, erklärte der »Sonnenkönig«. Und sein ei-

98 | EIN SPIEL DAUERT 90 MILLIONEN

gens eingestellter Hallenpromoter Rüdiger Schmitz schwelgte darin, dass in dem Jahrhundertbau künftig nachmittags Schalke Fußball spielen und abends Placido Domingo Opern singen könne, während Holzmann-Vorstand Lothar Mayer euphorisiert von »Brot und Spielen« für Industriemanager und Kohlekumpel gleichermaßen sprach; nur dass beide Gruppen in Zukunft von verschiedenen Broten aßen. Autorennen, Reitturniere, Gastauftritte der US-Baseball-League – all das, so die Visionen von Ex-Kurdirektor Eichberg und seinen Leuten, würde sich in dem neuen Superstadion realisieren lassen. Ach ja, und zwischen all den tollen Events hatte natürlich auch der Fußball einen Platz. Nebeneffekt der Arena-Pläne: Schalke 04, der Arbeiterverein schlechthin, wollte fortan seinen Fans keine Stehplätze mehr anbieten. Es waren gruselige Aussichten wie diese, die darauf hindeuteten, dass sich für uns Fans gerade etwas dramatisch veränderte.

Andernorts genügten in diesen Tagen die alten Sportstätten den vermeintlichen Ansprüchen ebenfalls nicht mehr. Das Ulrich-Haberland-Stadion, in dem Bayer Leverkusen seit 1958 seine Heimspiele austrug, sollte nun auch zu einer »Arena« werden – nur dass hier etwas seriösere Planer am Werk waren als in Gelsenkirchen. Ab 1990 wurde das Stadion sechs Jahre lang komplett umgebaut, bis auch die letzte der vier charmanten Holztribünen einem Multifunktionsgebäude auf dem neuesten Stand der Technik gewichen war, dem 1998 auch noch ein Hotel und eine McDonald's-Filiale folgten, außerdem eine Tribünenheizung, bestehend aus 220 Heizstrahlern, was bis dahin einzigartig war. Ausgerechnet der biedere Werksklub wurde mit der »BayArena« zum Vorreiter für die Vermarktung von exklusiven Sitzplätzen, auf denen ein einziges Spiel mehr kostete als bislang die Dauerkarte für eine gesamte Saison.

Parallel dazu reiften auch in Hamburg Pläne, das alte Volksparkstadion, von den Anhängern lange liebevoll als »Betonschüssel« verspottet, zum reinen Fußballstadion umzuwidmen und vor allem Platz zu schaffen für eine Kundschaft, die sich für die 90 Minuten Sport auf dem Rasen allenfalls am Rande interessierte. Willi Lemke entdeckte in Bremen wohlhabende und sendungsbewusste Geschäftsleute als Zielgruppe für den SV Werder und führte als Erster in der Bundesliga teure Logen im Stadion ein. Gewissermaßen als Testballon hatte der findige Manager schon mal in den Achtzigerjahren ein komplettes Spiel an den Autobauer Citroën verkauft. In Stuttgart wiederum standen die Leichtathletikweltmeisterschaften an, weshalb auch das Neckarstadion 1993 nicht mehr wiederzuerkennen war mit seiner Membran-Überdachung und nach der Abschaffung sämtlicher Stehbereiche. Selbst bei uns in Nürnberg waren die Bagger angerückt, und als Franz Josef Strauß kurz vor seinem Tod das »Frankenstadion« eröffnete, war auch mein alter Stehplatzblock einem Meer von hässlichen gelben Sitzschalen gewichen, über denen sich je ein durchsichtiger Plexiglasdeckel befand. Wenigstens ab und zu war es noch genauso ungemütlich wie früher, denn unterhalb dieses Daches war versehentlich ein eineinhalb Meter breiter Spalt frei gelassen worden, und bei ungünstigen Windverhältnissen regnete es hinein.

Die Schalker mussten derweil noch ein wenig auf ihre neue Arena warten. Der Eröffnungstermin war zunächst auf den 30. Juni 1994 verschoben worden, doch auch das entpuppte sich bald als Luftnummer. Die potenziellen Investoren, die Kommune und die Baufirmen zerstritten sich, und Günter Eichberg, der eigentliche Ideengeber, war zu diesem Zeitpunkt gar nicht mehr da. Er hatte sich nach seinem völlig überraschenden Rücktritt als Präsident nach Florida abgesetzt und stritt sich von dort aus nicht nur mit seinen Gläubigern, sondern auch mit dem »Spiegel«, der ihn in einem Artikel als »Scharlatan« und »Felix Krull aus Gütersloh« bezeichnet hatte, welcher in Gelsenkirchen einen Millionenberg an Schulden hinterlassen habe. Doch die neue Zeit ließ sich selbst von Aufschneidern und mutmaßlichen Hochstaplern nicht mehr aufhalten – und vom »Spiegel« leider auch nicht. Als ich am 12. September 1998 mein letztes Spiel im alten Parkstadion sah – ein 2:2 des FC Schalke gegen den 1. FC Nürn-

100 | EIN SPIEL DAUERT 90 MILLIONEN

berg – begannen nebenan bereits die Vorbereitungen für den Aushub der riesigen Baugrube. Rudi Assauer, den Eichberg vor einigen Jahren noch als Manager zu den Knappen zurückgeholt hatte, übernahm 1996 die Planungen und beschloss, dass der Verein nach all den Querelen um die zahlreichen dubiosen Geldgeber des Projektes einfach selbst als Betreiber fungieren würde. Und Assauer schien es durchzuziehen, trotz mittlerweile fast 400 Millionen Mark geschätzter Kosten, jedenfalls las man nichts anderes. An diesem Samstagnachmittag goss es wie aus Kübeln, wir standen wie immer schutzlos im Regen, und nach dem Schlusspfiff marschierten wir durch den Erler Matsch an einer Infotafel vorbei, die uns gleichermaßen faszinierte und beängstigte: Bald könnte man hier bei schlechtem Wetter einfach einen Knopf drücken, und nicht einmal die Spieler bekämen noch etwas von den Witterungsbedingungen mit – egal, wie beschissen sie auch sein mochten. Und wenn der Rasen ein wenig Sonne benötigte, dann ließ man ihn einfach aus der Halle herausfahren.

Ein Dach über dem Kopf und ein automatischer Rasen – auch wenn uns klar war, dass wir nach der knapp sechsstündigen bevorstehenden Zugfahrt mit einer veritablen Erkältung in Nürnberg ankommen würden, waren wir uns nicht sicher, ob das dann noch der Fußball war, den wir so sehr liebten.

Schon ein gutes Jahr vor der Eröffnung der Arena »Auf Schalke«, wie das futuristische Ding letztendlich heißen sollte, hatte Deutschland den Zuschlag für die Fußball-Weltmeisterschaft 2006 erhalten und nun sechs Jahre Zeit, die strengen Vorgaben der FIFA hinsichtlich der Infrastruktur umzusetzen – die modernsten und sichersten Stadien der Welt sollten es werden, für knapp drei Milliarden Euro. Auch ich freute mich natürlich darüber, wenngleich mir die ganze Angelegenheit ein wenig zu teuer vorkam. Aber eine WM im eigenen Land war schon eine feine Sache, da musste man nicht zwanghaft das Haar in der Suppe suchen. Fünfzehn Städte bewarben sich als Austragungsort für die WM, und obwohl noch gar nicht entschieden war, welche zwölf

Stadien schlussendlich infrage kamen, brach zwischen Hamburg und München ein noch nie da gewesener Sportstätten-Bauboom aus, der dem letzten Stück nostalgischer Stadionkultur den Rest gab. Dort, wo die bestehenden Stadien genutzt wurden – wie in Berlin, Dortmund, Hannover, Frankfurt, Kaiserslautern, Köln, Stuttgart oder Nürnberg –, erkannten die Fans sie nach dem Umbau nicht wieder.

Es fing schon damit an, dass rund um die Stadien eine Art Bannmeile gezogen wurde, in der sich nur Menschen mit einem offiziellen Ticket aufhalten und – noch schlimmer – in der keine alkoholischen Getränke verkauft werden durften, weil besoffene Zuschauer nicht zum Image einer sauberen WM passten. Es gab auch keine Kassenhäuschen mehr, sondern topmoderne Ticket-Counter, die aussahen wie die Einwanderungsschalter an amerikanischen Flughäfen. Der Einlass bestand nun aus modernen Drehkreuzen, die barcodelesefähig waren und sich wie an einem Skilift automatisch bewegten, weshalb nicht nur unser Zabo-Herbert arbeitslos wurde. Statt Bratwurstständen wurde allerorten eine Food-Meile installiert. Es gab jetzt Döner, Burger oder Sandwiches, Donuts und andere Snacks, die man niemals beim Fußball essen wollte. In den Tribünen wurde Platz geschaffen für die Reichen und Mächtigen, es entstanden turnhallengroße VIP-Säle mit riesigen LED-Monitoren, Büffets und verglasten Boxen. Man musste also gar nicht mehr hinaus ins Freie, um ein Spiel zu verfolgen. Und in manche Stadien konnten die ganz Wichtigen sogar unten hineinfahren und mit dem Aufzug von der Tiefgarage nach oben gelangen, sodass sie sich beim Fußball amüsieren durften, ohne mit dem ganz normalen Fan in Kontakt kommen zu müssen.

In München, Leipzig und Hamburg waren komplett neue Arenen entstanden, auch die Schalker »Brot-und-Spiele-Halle« war zwischenzeitlich doch noch fertig geworden, und bei näherer Betrachtung hatten all diese komfortablen Kommerztempel mit ihren Chipkartensystemen und ergonomisch geformten Sitzschalen und gepolsterten Rückenlehnen nicht mehr allzu viel mit dem Sport zu tun, mit dem ich aufgewachsen war. Als ich eine Stunde vor dem Eröffnungsspiel

102 | EIN SPIEL DAUERT 90 MILLIONEN

Deutschland gegen Costa Rica zum ersten Mal die Münchner Arena betrat, hätte ich losheulen können. Es war, als stünde ich in einem Raumschiff, das zufällig auf einem Fußballplatz gelandet war. Hier gefiel es mir ganz und gar nicht, und dass ich jetzt eine bessere Sicht auf das Spielfeld hatte als im Olympiastadion und mein Bier bargeldlos bezahlen konnte, war mir in diesem Augenblick total egal. Auch wenn die gegenwärtige Entwicklung damals, 2006, noch nicht in vollem Umfang absehbar war: Diese neuen Stadien dienten vorwiegend dazu, möglichst viel Geld mit dem Fußball zu verdienen. So viel war sicher.

Deshalb mussten neue Leute an den Fußball gebunden werden, die eben dieses viele Geld mitbrachten. Mein erstes Spiel ist mir auch deswegen so nachhaltig in Erinnerung geblieben, weil ich mich ein bisschen vor den anderen Zuschauern gefürchtet habe. Auf dem Weg zum Stadion, bei uns im Block und in der Halbzeit sah ich Menschen, die nicht alle so aussahen wie jene Erwachsenen, mit denen sich meine Eltern sonst umgaben. Viele von ihnen waren raue Typen, denen ich anzusehen glaubte, dass sie keiner Rauferei aus dem Weg gingen. Andere waren deutlich älter als mein Vater, sie hatten Schiebermützen auf und trugen Cordjacken und blickten missmutig dem Geschehen zu. Und wieder andere waren einfach sternhagelvoll. Was ich weniger bis gar nicht sah, waren Kinder in meinem Alter und Frauen. Aber mit der Zeit gewöhnte ich mich daran. Während meiner Kindheit war jedes Spiel ein kleines Abenteuer.

Nun kann man natürlich behaupten, dass die Verwandlung des Fußballs zur familientauglichen Unterhaltung durchaus erstrebenswert war; dass es vielmehr beschämend gewesen ist, Angst vor einer Tracht Prügel haben zu müssen, nur weil man am Bierstand einen anderen Fan einen Moment zu lange angeschaut hatte. Und ja, auch ich fand es schön, dass die Weltmeisterschaft in Deutschland zu einer einzigen großen Party ausartete, dass wir Spiele wie Paraguay gegen Trinidad-Tobago oder Südkorea gegen Togo mit zwei Dutzend Freunden anschauten und dabei grillten, dass Fußball auf einmal schick war, sich die Mädchen schwarz-rot-goldene Farben ins Gesicht malten und die Jungs küssten, wenn ein Tor fiel. Ich freute mich auch darüber, dass sich auf einmal meine Freundinnen für mein Hobby interessierten und mit mir mitfieberten, wenn ich meinen Verein anfeuerte, und mich trösteten, wenn er verlor. Und ich möchte selbstverständlich nicht, dass mein kleiner Sohn Angst hat wie ich damals, wenn ich ihn demnächst das erste Mal mit ins Stadion nehme. Aber ich finde es trotzdem schlimm, was sich jenseits der Fanblöcke tat, damit all dies endlich erreicht wurde. Insofern finde ich, dass der Preis für die Eventisierung dieses Sports zu hoch war.

Im Fall von Bayern München zum Beispiel liegt er bei bis zu 10 000 Euro pro Spiel. Dafür können 20 Personen von einer sogenannten »Presenterbox« aus ins Stadioninnere schauen, sich beim hochwertigen Catering von einer eigenen Servicekraft betreuen lassen und zur exklusiven Panorama- und Weinbar flanieren. Wer sich beim HSV in der »Platin Lounge« von Fernsehkoch Tim Mälzer verwöhnen lassen möchte, muss 714 Euro pro Ticket auf den Tisch legen, dafür gibt's außer Essen und Getränken auch noch eine Autogrammstunde mit einem Spieler vor dem Match, und in der Halbzeit steht eine Champagnerbar zur Verfügung. Hoffenheim wirbt mit Panoramafenstern und beheizten Sitzen und Hannover mit »Exklusivität und gehobenem Ambiente« in einem »Executive Club«. In Leipzig kann man sich für 8000 Euro pro Saison in den »Musiksaal« einbuchen, in dem sich »Sporthistorie mit moderner Infrastruktur« trifft, und in Dortmund lässt sich für 390 Euro pro Karte in der »Spieltagsloge« bei einem Blick ins alte Stadion Rote Erde schaudernd feststellen, wie grauenhaft unbequem der Fußball doch früher gewesen sein muss. Selbst der SV Sandhausen ließ einen »Business-Turm« für seinen VIP-Bereich »Loft 16« bauen, den man während des gesamtes Spiels nicht mehr verlassen muss, wenn einem der Wein und die Hostessen besser gefallen als die Partie auf dem Rasen.

Worum es all diesen Klubs wirklich geht, verrät – gewissermaßen stellvertretend für alle deutschen Profivereine – Hertha BSC auf seiner Website: »Sei es der Aufbau oder die Pflege von Kundenbeziehungen, die Motivation Ihrer eigenen Mitarbeiter oder die Generierung von neuen Businesskontakten: Die unterschiedlich konzipierten VIP-Bereiche des Berliner Olympiastadions verbreiten eine besondere Atmosphäre.« Von einem Fußballspiel ist allenfalls noch im Kleingedruckten die Rede. Aber deshalb sind die meisten Käufer solcher Pakete vermutlich ohnehin nicht da. Wichtig ist nicht der Ausgleich in der 88. Minute, sondern der nächste Geschäftsabschluss für die eigene Firma. Überall in den schicken und von Innenarchitekten durchgestylten Lounges von Freiburg bis Rostock hängen verklärende Schwarz-Weiß-Fotografien mit den jeweiligen Helden vergangener Tage. Diese allerdings dürften sich im Grab umdrehen, wenn sie wüssten, dass sie als Staffage für aufgeblasene Wichtigtuer dienen, die im eng anliegenden Designeranzug bei Jakobsmuscheln, Kalbsrücken und Schwertfischfilet ein bisschen Fußballfan spielen. So sehr ich die Motive der Vereine verstehen kann, möglichst viele finanzielle Mittel zu generieren, so sehr stoßen mich all die opulent gedeckten Tische, die teuren Jahrgangsweine und die überkandidelten Menüs ab, die ein einfaches Fußballspiel zu einer großen Aufführung machen sollen. Ich bleibe lieber beim schalen Bier im Plastikbecher und beim durchgeweichten Fischbrötchen und trage eine uralte Jeans sowie meine ausgelatschten Turnschuhe, falls jemand auf dem Klo in der Pause versehentlich darüber pinkelt.

Zwar verkündet die DFL jedes Jahr stolz neue Zuschauerrekorde für die Bundesliga und spricht von einer Stadionauslastung von über 90 Prozent. Die Wahrheit aber ist, dass zuletzt tatsächlich knapp 92 Prozent aller verfügbaren Tickets verkauft, aber nur 82 Prozent genutzt wurden. Im Klartext bedeutet dies, dass jeder zehnte Platz leer geblieben ist, obwohl jemand dafür bezahlt hat. Der Verdacht liegt also nahe, dass immer häufiger ein Operettenpublikum keine besondere Lust verspürt, ein Heimspiel auch gegen wenig attraktive Gegner zu sehen – oder dass eine Firma ihre Loge nicht voll bekommt, weil sich womöglich einer der Topstars verletzt hat oder das Wetter nicht besonders einladend ist. Es ist richtig, dass die Stadien früher leerer waren als heute. Aber sie waren dafür voller Menschen, die sich wirklich für das interessierten, was auf dem Platz geboten wurde. Auch wenn das manchmal wehtat.

Angesichts dessen kann ich nur hoffen, dass es bei uns nicht so weit kommt wie in England, wo der Fußball zwar wie ein Volkstheaterstück inszeniert wird, dessen Betrachtung sich das einfache Volk aber nicht mehr leisten kann, weil der durchschnittliche Eintrittskartenpreis umgerechnet bei über 70 Euro pro Partie liegt. Diese Entwicklung ist selbst dem dortigen Verband nicht mehr geheuer, weshalb die FA seit Neuestem zumindest für den Pokalwettbewerb niedrigere Ticketpreise vorgeschrieben hat. Die Entfremdung vom normalen Publikum geht so weit, dass man in manchen Arenen allen Ernstes eine Strafe dafür bezahlen muss, wenn man während des Spiels gestanden hat – und sei es nur für wenige Sekunden. Mancherorts, wie bei Heimspielen von Arsenal London, können Sitzplatzkarteninhaber, die sich vom emotionalen Aufspringen oder Anfeuern während des Spiels gestört fühlen, den »Sünder« per Foto-SMS gleich vom Block aus beim Klub denunzieren. In minder schweren Fällen wird eine Strafe von zehn oder zwanzig Pfund verhängt, bei Wiederholungen droht der Entzug der Dauerkarte. Auch diese Auswüchse können leider die Folge davon sein, dass sich heute sehr viele Menschen für diesen Sport interessieren, die ihn sich zwar ohne Probleme leisten können – ihn jedoch gar nicht mehr verstehen.

Und sich anscheinend auch zunehmend nicht mehr in der althergebrachten Weise für ihn begeistern können. Zumindest liegt diese Vermutung nahe, betrachtet man nur die verzweifelten Versuche von Manchester United, mehr Stimmung im immerhin stattliche 75.643 Zuschauer fassenden »Old Trafford« zu erzeugen. Denn obschon die Bude immer rappelvoll ist, herrscht dort meist blockübergreifend eine Gemütslage wie bei einem Leichenschmaus. Um der beklemmenden Stille entgegenzuwirken, führten die Verantwortlichen neulich in einer Ecke des Stadions eine »Singing Section« ein, in der sich jene altmodischen Anhänger versammeln sollten, die ihre Leidenschaft für ihren Klub auch stimmlich untermauern wollen – mit bislang mäßigem Erfolg. Wahrscheinlich ist es nur eine Frage der Zeit, bis ausgewählte Fans dafür bezahlt werden, ihr Team ordentlich anzufeuern und somit den würdigen Rahmen bilden für eine große Show, die mehr und mehr ein Publikum anzieht, das sich nicht auf solche urwüchsigen Verhaltensweisen herablassen will.

Weil die Kosten für die Errichtung der Arenen mitsamt ihrer Annehmlichkeiten für die komfortliebenden Besucher eine Menge Geld verschlangen, mussten sich die Betreiber aber auch noch über die Bewirtung und Pflege solventer Kunden hinaus etwas einfallen lassen, um wenigstens einen Teil ihrer Kohle wieder hereinzuholen – alles ließ sich schließlich nicht mit höheren Eintrittspreisen, dem Verkauf von Logen oder der Aufstellung von leuchtenden und blinkenden Werbebanden finanzieren. Also kam man darauf, auch noch das zu verscherbeln, was ein Stück weit die Seele dieser Stadien ausmachte – ihren Namen. Richtungsweisend für diesen Frevel waren jedoch weder die Verantwortlichen des HSV noch die des FC Schalke. Vielmehr begann das Geschäft mit den Stadionnamen eine Liga tiefer – in Mittelfranken: Dort stand einige Jahre zuvor der Präsident der 1997 gerade in die zweite Bundesliga aufgestiegenen SpVgg Greuther Fürth vor der Herkulesaufgabe, das heruntergewirtschaftete Stadion zweitligatauglich umzurüsten, ohne dafür Geld in die Hand nehmen zu können. Bis dato gab es vor Ort nämlich weder Flutlicht noch unterschiedliche Blöcke und schon gar keinen Gästebereich. Diese Rahmenbedingungen würde der DFB niemals akzeptieren. Das wusste auch Helmut Hack.

Die Spielvereinigung Fürth war im unterklassigen Fußball das, was Schalke 04 vor Eichbergs Zeiten ein paar Ligen höher war: ein Klub mit einer glorreichen Vergangenheit und einer eher ernüchternden Gegenwart. 1983 war der dreimalige Deutsche Meister in die Landesliga abgestürzt und so abgebrannt, dass er den traditionsreichen Ronhof, in dem die Fürther seit 1910 ihre Heimspiele austrugen, an den Spielzeugfabrikanten und Fürth-Fan Horst Brandstätter verkaufte, um an frisches Geld zu gelangen. Brandstätter stellte ein paar Kilometer vor den Toren der Stadt mit großem Erfolg kleine Plastikmännchen her und hatte es mit der Marke »Playmobil« zum Multimillionär gebracht. Daran erinnerte sich Hack nun, als es darum ging, den Ronhof nach dem überraschenden Aufstieg wenigstens notdürftig herzurichten, um überhaupt die Lizenz für die Zweite Liga zu erhalten.

Helmut Hack verhandelte tagelang mit den wenigen Sponsoren, die der Verein besaß, sowie mit Stadioneigner Brandstätter und der Stadt. Er präsentierte die nötigen Umbaumaßnahmen und drohte mit Rückzug aus dem Profifußball, sollte keine schnelle Lösung gefunden werden. Und dann hatte er eine Idee. Brandstätter könne doch mit dem Stadion an sich für sein Unternehmen werben, wenn es ihm schon gehörte – immerhin erhalte die zweite Bundesliga doch jede Menge mediale Aufmerksamkeit. Nach kurzer Bedenkzeit stimmte der Spielzeugfabrikant zu und kaufte auch noch die Namensrechte für ein ganzes Jahrzehnt und bezahlte im Voraus. Das brachte der SpVgg das erforderliche Geld für den Ausbau – und dem Ronhof die Bezeichnung »Playmobil-Stadion«, über die sich damals halb Fußballdeutschland kaputtlachte. In den ersten Jahren nach der Umbenennung flogen unter dem Gejohle der Heimfans dutzendweise Playmobil-Figuren aufs Feld, wenn die Fürther auswärts antraten. Heute lacht keiner mehr.

Er habe nie daran gedacht, dass sich das Konzept durchsetzen würde, sagte Helmut Hack viele Jahre später. »Damals gab es noch keine Vorstellungen, wohin sich der Markt entwickeln würde«, betonte er. Inzwischen wissen wir, wohin er sich entwickelt hat – dank des Siegeszuges des sogenannten »Naming Right«, wie das äußerst lukrati-

108 | EIN SPIEL DAUERT 90 MILLIONEN

ve Sponsoring-Instrument in der Fachsprache heißt. 2001 wich der Schriftzug »Volksparkstadion« dem neuen Logo der »AOL-Arena«, wofür der HSV 15 Millionen Euro für fünf Jahre einstrich. Der Bau der Münchner »Allianz Arena« ab dem Jahr 2002 funktionierte überhaupt nur durch die Teilfinanzierung durch den Versicherungskonzern, der dem FC Bayern München seitdem sechs Millionen Euro pro Jahr dafür bezahlt. Im selben Jahr sorgte der Stromversorger »GEW Rhein Energie« dafür, dass das Müngersdorfer Stadion Geschichte war. 2004 knickte die Stadt Freiburg ein und widmete das alte Dreisam- zum »Badenova-Stadion« um. 30 Millionen Euro für zunächst zehn Jahre berappte 2005 die Commerzbank, damit in Frankfurt das Waldstadion verschwand. Im selben Jahr verwandelte sich das Westfalenstadion in den »Signal Iduna Park«, das »Rheinstadion« in die »LTU-Arena«, das Niedersachsenstadion in die »AWD-Arena«, und auch die Schalker brauchten schon wieder Geld, weshalb ihre erst vier Jahre junge Sporthalle nach der Brauerei »Veltins« benannt wurde. Ein Jahr später trauten dann wir Nürnberger unseren Ohren nicht, als man das »Frankenstadion« zum »Easy-Credit-Stadion« erklärte. Das war bis dahin sicherlich der Tiefpunkt des Namensrechteverkaufs – allerdings wurde er bis heute mehr als einmal unterboten, etwa durch die »Schauinsland-Reisen-Arena« in Duisburg, das »Glücksgas-Stadion« in Dresden, die »Wirsol-Rhein-Neckar-Arena« in Sinsheim oder die »CoFace-Arena« in Mainz. Selbst das marode Wormatia-Stadion – einst Schauplatz der allerersten Trikotwerbung, heute Spielort in der viertklassigen Regionalliga und vor lauter Baufälligkeit mit nur noch einem Fünftel seiner ursprünglichen Kapazität ausgestattet – heißt mittlerweile hochtrabend »EWR-Arena«, was beim Anblick der gesperrten Ränge geradezu absurd anmutet.

Inzwischen hat diese Variante der Vermarktung zum Teil groteske Ausmaße angenommen, und für manche Arenen wechseln die Namensrechte im Zweijahresrhythmus. Der einzige Trost angesichts dieses schriftzuggewordenen Wahnsinns ist, dass durch die Proteste von uns Fans mancherorts eine Gegenbewegung eingesetzt hat. Borussia Mönchengladbach verzichtet bislang aus Imagegründen darauf, den Stadionnamen »Borussia-Park« zu opfern und dafür möglicherweise fünf Millionen Euro pro Jahr einzunehmen. Der abgestürzte Altmeister 1. FC Kaiserslautern bräuchte zwar jeden Cent, nimmt aus Respekt vor der Lebensleistung seines berühmtesten Spielers aber noch Abstand vor der Umbenennung des Fritz-Walter-Stadions in eine »Was-Auch-Immer«-Arena. In Bremen existiert das Weser-Stadion weiter, wenn auch unter Vorbehalt und mit Billigung eines Geldgebers, der bei der Rechtevergabe mitreden darf. In Hamburg hat der selbst ernannte HSV-Gönner Klaus-Michael Kühne das Volksparkstadion revitalisiert. Und auch in Fürth, der Brutstätte dieser absonderlichen Bewegung, ist man wieder zu den Ursprüngen zurückgekehrt, zumindest fast. Nachdem das »Playmobil-Stadion« zur »Trolli-Arena« und anschließend für zwei Jahre in Ermangelung eines Sponsors zum »Stadion am Laubenweg« deklariert worden ist, spielt man nun wieder wie dereinst im Sportpark Ronhof. Ganz ohne Meriten für sich und sein Immobilienunternehmen wollte der Mäzen diese Namensrechte aber dann doch nicht kaufen. Und so lautet der offizielle Stadiontitel heute »Sportpark Ronhof – Thomas Sommer«.

Mein FCN spielt übrigens mittlerweile im Max-Morlock-Stadion, was zwar dem langjährigen Wunsch von uns Anhängern entsprach, aber dennoch von einer Online-Bank mit einer Bilanzsumme von fast sechs Milliarden Euro finanziert werden musste, weil die Stadt als Eigentümerin des Stadions das Geld aus der Vermarktung dieser Rechte dringend brauchte. Was einmal aus dem fraglos schönen Namen wird, wenn der Vertrag in einigen Jahren ausläuft, vermag niemand vorauszusehen. Nur eins ist sicher: Dem Geehrten selbst wäre es vermutlich gar nicht recht gewesen, auf diese Weise glorifiziert zu werden. Besser gefallen als irgendein doofer Sponsorname hätte ihm diese Bezeichnung sicher trotzdem.

WEIL ULLI POTOFSKI EINE NEUE EPOCHE AUSRIEF

ODER: DIE MEDIALE INSZENIERUNG EINER SPORTART

Bei meinen ersten Stadionbesuchen fiel mir der lebensgefährlichste Arbeitsplatz vor Ort überhaupt nicht auf. Ich war viel zu aufgeregt, als dass ich mich auf etwas anderes als das Geschehen auf dem Spielfeld oder die Vorkommnisse in unserem Block hätte konzentrieren können. Irgendetwas konnte ja immer passieren, das meine volle Aufmerksamkeit erforderte: ein Tor, eine Rote Karte, eine Prügelei unter Fans oder ein gut platzierter Bierbecherwurf auf weniger wohlgelittene gegnerische Spieler wie Calle Del'Haye, Felix Magath oder Asgeir Sigurvinsson zum Beispiel. Und so nahm ich den Typen, der ohne erkennbare Absicherung mitten auf dem Dach der Haupttribüne stand und eine schwere, mannshohe Kamera bediente, erst nach geraumer Zeit wahr. Von da an sah ich ihn jedoch immer. Er war dort. Ganz egal, ob es stürmte, schneite oder aus Eimern goss.

»Was macht der denn da die ganze Zeit?«, fragte ich irgendwann meinen Vater, nachdem ich eine Zeit lang fasziniert beobachtet hatte, wie der offensichtlich äußerst schwindelfreie Kameramann sein Arbeitsgerät mit einer stoischen Ruhe immer genau

112 | EIN SPIEL DAUERT 90 MILLIONEN

auf den Bereich des Platzes schwenkte, auf dem sich gerade der Ball befand.

»Der ist von der ARD und filmt das Spiel für die Sportschau«, sagte mein Vater, ohne hinüberzusehen.

Die Sportschau, das war für meinen Vater etwas Unantastbares, Heiliges, ungleich bedeutsamer als der Gottesdienst am Sonntagmorgen oder der Familienausflug am Maifeiertag. Sie gehörte zum deutschen Kulturgut wie der VW Käfer oder dieser Magenbitter namens Underberg, von dem mein Vater nach besonders schmerzhaften Niederlagen immer ein oder zwei Fläschchen brauchte. Die Sportschau wurde 1961 erstmals ausgestrahlt, zunächst immer am Sonntag und in den Anfangsmonaten noch ohne Fußball. Wer in den Jahren vorher die Zusammenfassungen der Spiele sehen wollte, wie zum Beispiel mein Vater die achte Meisterschaft des 1. FC Nürnberg mit seinem Helden Max Morlock, der musste schon ins Kino gehen und auf »Fox' tönende Wochenschau«, die »Neue Deutsche Wochenschau« oder die »UFA-Wochenschau« hoffen. Mit dem Start der Bundesliga wechselte die Sportschau dann endlich auf den Samstagabend, und der Fußball hatte ab diesem Moment seinen festen Platz in unzähligen deutschen Wohnstuben. Neben den Spielberichten war das »Tor des Monats«, erstmals eingeführt 1971, ein Ereignis, über das man noch tagelang in der Arbeit oder auf den Schulhöfen sprach – auch, weil darin gelegentlich Spieler aus unterklassigen Ligen zu Ehren kamen, wenn bei ihren Kunstschüssen zufällig eine Kamera dabei gewesen war. Ich weiß nicht mehr, wie viele Postkarten alleine ich an die ARD schickte, in der Hoffnung, etwas für meinen aktuellen Favoriten beitragen und vor allem einen signierten Lederball gewinnen zu können.

Zu meiner Zeit lief die Sportschau um kurz nach sechs, was bei Heimspielen immer eine gewisse Eile erforderte, um rechtzeitig nach Hause zu kommen, ganz unabhängig vom Ergebnis. Der 1. FCN konnte mit Pauken und Trompeten untergehen – dieser Termin stand für meinen Vater fest wie das Fundament der Nürnberger Kaiserburg.

Und wenn unser Verein ausnahmsweise gewann, war es ihm umso wichtiger, die kleine Holzschale auf dem Sofatisch mit gesalzenen Erdnüssen zu befüllen, sich ein Bier einzuschenken, pünktlich vor dem Fernseher zu sitzen und darauf zu hoffen, dass der Club auch tatsächlich gezeigt wurde.

Das nämlich war keineswegs sicher, denn alle Spiele des Samstags konnte oder wollte die Sportschau nicht mit ihrer Sendung abdecken. Offiziell hieß es, nur die besonders attraktiven Partien würden für die Zuschauer ausgewählt und in den 55 Minuten Sendezeit präsentiert, bevor das dazwischengeschaltete Regionalprogramm von Schleswig-Holstein bis Baden-Württemberg irgendeinen langweiligen Heimatkram brachte. Dass bei diesen »besonders attraktiven« Partien aber erstaunlich oft ein selbst in der Zusammenfassung einschläferndes 0:0 dabei war und auffällig häufig über den 1. FC Köln berichtet wurde, hatte in Wahrheit freilich einen anderen Grund: Das Material aus den Stadien, das der Mann von unserem Dach mit seinen zwei Kollegen hinter den jeweiligen Toren und natürlich die Sportschau-Berichterstatter in den anderen Städten lieferten, musste logischerweise auf irgendeine Weise zum WDR gelangen, der seit jeher die Federführung für das Format innehatte.

In Nürnberg befand sich das nächste TV-Studio mit entsprechender Technik dummerweise am anderen Ende der Stadt, weshalb die Bänder zusammen mit dem dazugehörigen Reporter per Motorrad und unter Missachtung der gängigen Verkehrsregeln irgendwie dorthin gefahren werden mussten. Das war für alle Beteiligten Stress pur, zumal die Berichte erst noch unter höchstem Zeitdruck geschnitten wurden, bevor sie bei der Ausstrahlung live eingesprochen werden konnten. Also entschieden sich die Sportschauverantwortlichen im Zweifelsfall lieber für Spielorte, von denen aus die lokalen Niederlassungen der ARD besser erreichbar waren, damit Ernst Huberty, Fritz Klein oder Heribert Faßbender nicht Millionen Zuschauern erzählen mussten, dass aus Bochum, Kaiserslautern oder Offenbach noch keine Bilder vorlagen. In München dagegen gelangte man in nicht ein-

114 | EIN SPIEL DAUERT 90 MILLIONEN

mal 15 Minuten vom Olympiastadion bis zum BR nach Unterföhring, weshalb die Bayern praktisch jeden Samstag ausgestrahlt wurden. Oder eben die Kölner, von deren Heimat in Müngersdorf es nur rund 5 Kilometer Luftlinie bis zum Sendezentrum waren.

Trotz dieser steten Ungewissheit, ob der FCN nun drankam oder nicht, war diese knappe Stunde für meinen Vater dermaßen wichtig, dass man sich am besten nicht zeitgleich im Wohnzimmer aufhielt. Erst nachdem ich ein glaubhaftes Interesse am Fußball entwickelte, wurde dieses ungeschriebene Gesetz gebrochen und ich von ihm geduldet, wenn auch nur unter der Voraussetzung völliger Schweigsamkeit. Die regelmäßigen Versuche meiner Mutter, nach dem Zeitpunkt des Abendessens zu fragen, blockte er dagegen ebenso barsch ab wie alle anderen Arten der Konversation. Richtig sauer wurde er gar, wenn das Telefon läutete, das bei uns ebenfalls im Wohnzimmer stand. Wer ausgerechnet während der Sportschau anrief, konnte nur ein Trottel oder ein völliger Ignorant sein – wie meine Patentante, die sich für Fußball in etwa so sehr interessierte wie mein Vater für Synchronschwimmen und die sich daher partout nicht merken wollte, dass an Samstagen erst ab sieben wieder eine Kontaktaufnahme mit uns möglich war. Und so unglaublich es auch klingen mag in einer Zeit, in der wir zu Hause, im Büro, im Zug, im Restaurant, beim Arzt, im Fitnessstudio, beim Einkaufen oder eben auch im Stadion auf unser Smartphone zugreifen und somit das gesamte Weltgeschehen und damit natürlich auch alle Fußballspiele in Echtzeit verfolgen können: Bis zum Zeitpunkt der Ausstrahlung kannten mein Vater und ich die restlichen Ergebnisse nicht, wenn wir aus dem Stadion kamen und die Übertragung im Autoradio bereits beendet war und auf Bayern 1 wieder Schlagermusik gespielt wurde. Diese Unwissenheit hatte etwas Mystisches.

Trat der Club auswärts an, verhielt es sich anders. Dann nämlich saß mein Vater in einer aus orthopädischer Sicht eher wenig empfehlenswerten Haltung vor unserem in die Jahre gekommenen Braun-

Kofferradio in der Küche. Wir besaßen zwar seit 1984 auch eine top-moderne Stereoanlage, die außer einem Plattenspieler sogar schon einen CD-Player und selbstverständlich ein UKW-Empfangsgerät eingebaut hatte. Aber aus mir unerfindlichen Gründen wollte mein Vater die Sendung, die bei uns in Bayern »Heute im Stadion« und anderswo »Sport und Musik« oder einfach »Bundesligakonferenz« hieß, auf diesem kleinen Ding mit seiner unfassbar langen Teleskopantenne hören, die es je nach Wetterlage mit sich brachte, dass die Übertragung gelegentlich leiser wurde oder gar ganz abbrach. Zumindest, bis man sie so ausrichtete, dass man Fritz Hausmann wieder hören konnte.

An solchen Auswärtsspieltagen kochte sich mein Vater eine Kanne Kaffee, vertrieb meine Mutter aus ihrem Reich und hörte in den folgenden eindreiviertel Stunden gebannt den Reportern zu. Fußball im Radio, das war für ihn und später auch für mich beinahe so spannend wie im Stadion selbst. Es ging ständig hin und her, die Stimmen der Berichterstatter vor Ort unterbrachen sich gegenseitig, sie riefen »Tor in Hamburg« oder »Tor in Mönchengladbach« – und man wusste einen quälend langen Augenblick nie, ob das nun gut oder schlecht war. Außerdem beherrschten Koryphäen wie Eberhard Stanjek, Jochen Hageleit, Werner Hansch oder Hans-Reinhard Scheu die Kunst, den Zuhörer nur mit ihren Worten zu den Schauplätzen des Geschehens mitzunehmen. Im Auto war diese Spannung fast noch unerträglicher, weshalb mein Vater es tunlichst vermied, zwischen halb vier und viertel nach fünf auf der Straße unterwegs zu sein, um keinen Unfall zu bauen. Selbst bei nicht zu vermeidenden Fahrten in den Urlaub – samstags war immer Bettenwechsel in Österreich – hielt er für diese Zeit an einem Rastplatz an, um keinen Unfall zu verursachen, wenn ein Treffer für oder gegen uns angekündigt wurde.

Wenn ich heute daran zurückdenke, bilde ich mir ein, dass die Straßen in unserem Viertel an diesen Samstagnachmittagen wie leer gefegt waren – und dass man lediglich ab und an einen kurzen Aufschrei der Freude oder des Entsetzens aus den zahllosen Gartenlau-

116 | EIN SPIEL DAUERT 90 MILLIONEN

ben, von den Terrassen oder aus den geöffneten Wohnzimmer- oder
Küchenfenstern vernahm. Es war, als säße ganz Deutschland vor dem
Radio und hörte gebannt dem Bundesligageschehen zu. Und abends
folgte dann noch die Sportschau. Mehr brauchte es in den frühen
Achtzigerjahren nicht, um einen Fußballanhänger zufriedenzustel-
len. Dann aber geschah etwas Ungeheuerliches.

Es war das Jahr 1986, das die Sportberichterstattung hierzulande
für immer verändern sollte. Bis dahin hatte die Sportschauredaktion
eben nach Gutdünken entschieden, welche vier oder manchmal fünf
von den bis zu acht Samstagsspielen sie zu zeigen gedachte. Die Menschen, die sich für die restlichen Paarungen interessierten, hatten
Pech gehabt – oder mussten auf das »aktuelle sportstudio« im ZDF
hoffen, das aber für Kinder wie mich viel zu spät ausgestrahlt wurde.
Zwei Jahre zuvor hatte die von Helmut Kohl geführte Bundesregie-
rung den Weg für das Privatfernsehen in der BRD geebnet und auch
einer kleinen und hierzulande bis dato unbekannten Luxemburger
Sendeanstalt eine solche Lizenz ausgestellt. Und so flimmerte fünf
Stunden täglich vom Städtchen Düdelingen aus auf zunächst gut eine
Million deutsche Bildschirme ein Programm namens RTL Plus. Die
Macher hatten Großes vor, das erkannte man schon an der Aufberei-
tung ihrer wenigen eigenproduzierten Sendungen, die allesamt bun-
ter, lauter und flippiger wirkten als die der staatlichen Konkurrenz.
Und nun sicherte sich RTL Plus beinahe unbeachtet von der breiten
Öffentlichkeit die Rechte für die Zusammenfassung eines einzelnen
Spiels, das nicht ab 18.05 Uhr in der ARD gezeigt wurde. Der Bericht
dauerte deutlich länger als die Berichte im Ersten, und der Titel der
rund halbstündigen Sendung am frühen Samstagabend lautete so
schnittig wie treffend »Anpfiff«.

Bis zu diesem Moment war die ARD für ihre privilegierte Stel-
lung in Sachen Fußball vergleichsweise günstig davongekommen: Mit
dem Start der Bundesliga 1963 – demselben Jahr, in dem auch das
ZDF seinen Betrieb aufnahm – wurden für die Übertragungsrechte

650 000 Mark für die gesamte Saison fällig. Das war angemessen angesichts der Tatsache, dass in dieser Zeit gerade einmal 100 000 Fernsehapparate jährlich verkauft wurden. Im WM-Jahr 1974 stieg dieser Betrag dann schon auf rund fünf Millionen Mark an und verdoppelte sich bis Mitte der 1980er nochmals auf fast zehn Millionen. Das war zwar eine ganze Menge Geld, aber wenn man bedenkt, dass allein eine Ausgabe von »Einer wird gewinnen« mit Hans-Joachim-Kulenkampff mit schätzungsweise 500 000 Mark zu Buche schlug, hielten sich die Kosten für den Fußball dennoch im Rahmen. Doch RTL Plus hatte mit seiner probeweise durchgeführten halben Stunde »Anpfiff« Blut geleckt – und stieg überraschend in größerem Stil in die Verhandlungen zwischen der ARD und dem Deutschen Fußball-Bund mit ein. Auf einmal gab es neben den staatlichen Sendern einen Mitbieter, die Herren in der DFB-Zentrale rieben sich die Hände und die Sache »eskalierte«. Die ehrgeizigen Luxemburger boten für drei Saisons ab 1988/1989 sagenhafte 45 Millionen Euro pro Jahr, was die entsprechenden Einnahmen für jeden Erstligaklub auf einen Schlag vervierfachte und den Verantwortlichen der Öffentlich-Rechtlichen wochenlange Schnappatmung bescherte – sie hatten gerade einmal die Hälfte der Summe auf den Tisch gelegt. Zwar durften Sportschau und Sportstudio weiterhin einige Spiele ausstrahlen, aber RTL besaß nun das sogenannte Erstsenderecht und bestimmte, was wo wie lange laufen konnte.

Unser Viertel zählte just ab diesem Jahr zu den wenigen Gebieten, in denen man schon damals im Rahmen eines breit angelegten Tests das neue Privatfernsehen empfangen konnte. Für meinen Vater und viele andere Sportschau-Stammseher brach dennoch eine Welt zusammen, als am 13. Februar 1988 das erste Mal der Vorspann der nun auf eineinhalb und später gar auf drei Stunden ausgedehnten Sendung »Anpfiff« lief. Darin wurden in einer nie gesehenen Schnittfolge Szenen aus Fußballspielen präsentiert: Tore, Fouls, jubelnde Spieler, gestikulierende Schiedsrichter – unterlegt von einer schmissigen elektronischen Musik. Eine halbe Minute wusste man nicht, wo man hinse-

118 | EIN SPIEL DAUERT 90 MILLIONEN

hen sollte, dann erschien der plakative Schriftzug mit einem Ball als i-Punkt: »Anpfiff – die Fußballshow«.

»Also, was soll das denn?«, schnaubte mein Vater, während ein ihm unbekannter junger Mann namens Ulli Potofski in einem etwas zu weiten Sakko und mit einer kunterbunten Krawatte um den Hals die Zuschauer fröhlich begrüßte.

»Herzlich willkommen zu Anpfiff. Beginnt jetzt eine neue Fußballepoche? Ich weiß es nicht!«, kokettierte Potofski im Fernseher.

»Pah, neue Epoche«, schimpfte mein Vater auf der anderen Seite des Bildschirms. »Das reicht mir jetzt schon. Fußball und Show, das gehört doch überhaupt nicht zusammen.«

Vermutlich hatte er damit recht, und auch der »Spiegel« witterte Unheil und titelte im März 1988: »Deutschlands beliebteste Sportsendung ist in Gefahr.« Aber ob es meinem Vater und den Redakteuren des »Spiegel« nun passte oder nicht: »Anpfiff« war richtungsweisend für die spätere Entwicklung des Sportfernsehens. Die Bundesliga wurde plötzlich nicht mehr als ernsthafte Nachricht im Stile einer Meldung in der Tagesschau präsentiert, sondern mit launigen Kommentaren, Gewinnspielen, Studiogästen wie Günter Netzer und humoristischen Einspielern versehen. Und mit Werbung natürlich, die alle halbe Stunde die Sendung zerriss. Außerdem setzte RTL deutlich mehr Kameras ein als die biedere ARD bisher, die noch immer vorwiegend auf die Ansicht aus der Totalen von den Stadiondächern der Republik und gelegentliche Hintertorperspektiven setzte. Doch was viel schwerer wog als die konzeptionelle Neuausrichtung, war die unerwartete Bereitschaft der Medien, derart viel Geld für diese Sportart lockerzumachen. Es war schon damals mehr Geld, als ihr bekam.

Zunächst sah es einen kurzen Moment so aus, als beruhigte sich die Lage wieder: Nach vier Jahren, für die RTL insgesamt über 180 Millionen Mark bezahlt hatte, stieg der Konzern wieder aus dem Bundesligapoker aus. Seine Investition holte der Sender kommerziell zwar nicht ansatzweise wieder herein. Gelohnt hatte sie sich trotzdem, denn RTL war in diesen wenigen Jahren des Bestehens zwischenzeitlich zum Marktführer aufgestiegen – wahrscheinlich nicht wegen, sondern trotz »Anpfiff« und anderer schlagzeilenträchtiger Formate wie »Alles nichts, oder?«, »Explosiv« und »Tutti Frutti«. Doch bevor die Tarife wieder hätten fallen können, nahm ein anderer die Rolle des Preistreibers ein: Über seine Verwertungsgesellschaft ISPR sicherte sich der Medienunternehmer Leo Kirch die Fernsehrechte am Ligabetrieb und gab sie zuerst an seinen Sender Sat.1 weiter, der mit »Ran« ab August 1992 ein im Gegensatz zu »Anpfiff« nicht ganz so knalliges Format präsentierte. Trotzdem bot auch »Ran« einige Innovationen, die es bis dahin weder in der Sportschau noch bei »Anpfiff« gegeben hatte: Wiederholungen von besonders zeigenswerten Szenen gab es nun aus verschiedenen Ansichten, außerdem wurden detaillierte Statistiken darüber geführt, welches Team mehr Ballbesitz besaß oder wie viele Pässe eine Mannschaft gespielt hatte. Doch der Medienmogul aus München hatte über »Ran« und seine Fußballarithmetik hinaus große Pläne – zu große, wie sich noch herausstellen sollte.

Im Jahr zuvor, 1991, war bereits ein anderes Projekt mit Kirch-Beteiligung gestartet: der Pay-TV-Anbieter »Premiere« – als Nachfolger des Schweizer »Teleclub«, der auf dem deutschen Markt innerhalb von drei Jahren nur wenige Tausend Kunden generieren konnte. Aber auch die Abonnentenzahlen von »Premiere« blieben trotz einiger neuer Hollywoodfilme und völliger Werbefreiheit überschaubar. Kirch erkannte, dass er irgendein exklusives Angebot brauchte, das Kunden anzuziehen vermochte wie kein zweites. Spielfilme konnte man sich besser im Kino ansehen, werbefrei waren ARD und ZDF ab 20 Uhr auch und die Dritten ohnehin, aber Fußball live im Fernsehen – das gab es bislang nur bei Länderspielen. Künftig die Bundesliga zu übertragen, wenn sie gerade spielte, das war tatsächlich neu und spektakulär. Der Zeitpunkt für den Coup war günstig: Deutschland war 1990 Weltmeister geworden, durch die Einheit kam der Osten als neuer Markt hinzu, und für Kirch schien in diesen wilden Tagen das Geld keine Rolle zu spielen. Anders war nicht zu erklären, dass er 1992 für fünf Jahre mehr oder weniger ohne Not 700 Millionen Mark für die Sendeerlaubnis auf den Tisch legte. Damit hatten sich die Erlöse binnen dreier Jahre vervierfacht. Reinhold Beckmann, der Sportchef des Senders Sat.1, konstatierte den Betrag nüchtern: »Wir haben der Bundesliga einen Kredit gegeben. Sie muss ihn jetzt durch gute Leistungen tilgen.«

Am Samstag lief nun auf »Premiere« das sogenannte »Topspiel der Woche«, und seine Geschichte begann mit der Begegnung Eintracht Frankfurt gegen den 1. FC Kaiserslautern. Es spielte der Fünfte gegen den Dritten, und während an diesem 19. Spieltag Köln gegen Bochum mit einem grauenhaften 0:0 endete, der HSV sich zu einem 1:0 gegen Düsseldorf mühte oder die indisponierten Bayern mit 0:1 gegen St. Pauli verloren, war dieses Spiel tatsächlich ein Topspiel, ein furioses Spektakel, das 4:3 für die Eintracht ausging. Ohne es vorab wissen zu können, hatten sich die Macher das perfekte Match für diesen historischen Moment ausgesucht. Eine bessere Werbung konnte »Premiere« nicht für sich machen. Wo früher drei, vier Kameras eingesetzt wurden, standen nun alle paar Meter Mitarbeiter in einer schwarzen wetterfesten Weste, die ein solches Gerät bedienten. Es war, als habe »Premiere« eine Wagenladung TV-Equipment zum Sonderpreis erhalten.

Auch wir sahen fortan zu, zumindest ein bisschen. Denn das neue, sagenumwobene und selbstverständlich codierte Programm war im normalen Kabel eingespeist und in Teilen frei empfangbar. So liefen auch die Vorberichte und die Interviews vor dem jeweils ausgewählten Topspiel grundsätzlich unverschlüsselt, um den Zuschauern Appetit auf das Angebot zu machen. Diese Taktik hatte zur Folge, dass mein Vater und ich in den Auswärtsspielwochen nun zunächst nicht mehr vor dem alten Kofferradio in unserer Küche saßen, sondern vor der Glotze hingen, als übertrage man soeben die Landung von Menschen auf dem Mars. Wir sahen den Bökelberg, das Weserstadion, den Wildpark. Wir sahen, wie der FC Bayern, der VfB und sehr,

sehr selten auch der 1. FC Nürnberg einliefen. Wir sahen, wie sich die Mannschaftskapitäne die Hand gaben und der Schiedsrichter seine Pfeife in den Mund nahm. Wir sahen den Anstoß und noch zwei, fünf, manchmal zehn Sekunden der Partie und hofften jedes Mal, dass irgendjemand vergessen würde, die Verschlüsselung einzuschalten. Dann sahen wir nichts mehr, weil dieses Versehen nie geschah und wir keinen Decoder besaßen. Stattdessen schlichen wir zum Radio, das auf einmal seltsam alt und uncool wirkte. Das, was »Premiere« da veranstaltete, war psychologische Kriegsführung vom Feinsten.

Zur nächsten Saison hatte mein Vater ein Abo abgeschlossen. Er versuchte, die Sache vor meiner Mutter zu verheimlichen, aber da der Decoder die Maße eines mittelgroßen Reisekoffers umfasste, ließen sich die 250 Mark Pfand sowie 39 Mark Abokosten im Monat nach der Lieferung durch die Post nicht mehr verheimlichen. Wir guckten nun München gegen Hamburg, Leverkusen gegen Frankfurt oder Bremen gegen Kaiserslautern – und sahen mit bangem Blick auf die Leiste, die am unteren Bildrand eingeblendet wurde, wenn anderswo ein Tor gefallen war. War der 1. FC Nürnberg nicht gelb unterlegt, sondern weiß, wussten wir, dass es nicht gut für uns aussah. Dennoch hatte sich die Investition gelohnt, fanden wir. Es waren spannende Nachmittage, die stets die Zeit bis zum nächsten Heimspiel überbrückten. Wir konnten nicht wissen, dass wir damit den Drachen fütterten, der unseren Fußball, wie wir ihn kannten, auffressen würde. Denn Leo Kirch wollte eine Gegenleistung für sein Geld, die über die reinen Übertragungsrechte hinausging.

Es war bis dahin vollkommen selbstverständlich, dass hauptsächlich am Samstag gespielt wurde, das war schon zu Max Morlocks Zeiten so. Dass die Offiziellen des DFB den höherklassigen Fußball ausgerechnet an Sonnabenden stattfinden ließen, mag daran gelegen haben, dass die Männer damals am Freitag noch ebenso lange arbeiteten wie an jedem anderen Tag unter der Woche und dann zu ihren Stammtischen gingen, an denen sie die Mühen der vergangenen

Woche mit Kartenspielen, Bier und Schnaps zu vergessen versuchten. Der Samstag aber wurde als Arbeitstag seit 1955 schrittweise abgeschafft, weshalb er sich perfekt für das Fußballfreizeitvergnügen eignete – sogar bei denjenigen, die erst mal ihren Stammtischrausch ausschlafen mussten. Am Sonntag indes ging man zuerst in die Kirche, und dann kümmerte man sich entweder um die Familie, die Hühner, den Schrebergarten – oder spielte selber Fußball.

Aus diesem Grund war es selbstverständlich, dass nach der Einführung der Bundesliga alle Spiele zeitgleich samstags stattfanden, wenn auch erst um 17 Uhr. Einige Leute mussten ja vorher immer noch malochen gehen – erst ab 1967 wurde in der Bundesrepublik die Fünftagewoche gesetzliche Norm. Doch weil längst nicht in allen Stadien modernes Flutlicht installiert war, herrschten ab dem Spätherbst in so mancher Schlussphase diffuse Sichtverhältnisse. Deshalb verlegte man ein Jahr später die Anstoßzeit auf 16 Uhr vor, was aber immer noch dazu führte, dass man bisweilen »am besten mit einer Taschenlampe« antrat, wie sich Meiderichs Torhüter Manfred Manglitz einst in einem Interview beschwerte. Er war nicht der einzige, dem gelegentlich der Durchblick abhandenkam, also machte der DFB etwas, was ihm heute vermutlich nicht mehr einfallen würde – er fragte die Vereine nach ihren Wünschen. Dabei kristallisierte sich eine Anstoßzeit um 15.30 Uhr als ideale Lösung heraus: Die Partien begannen spät genug, damit man noch den Wochenendeinkauf erledigen beziehungsweise Handwerks- oder Gartenarbeiten verrichten konnte, für die den Männern – es gingen eh so gut wie keine Frauen ins Stadion – unter der Woche keine Zeit blieb. Und sie endeten rechtzeitig, damit der Herr des Hauses die Dame seines Herzens womöglich noch auszuführen vermochte, damit der Familienfrieden gewahrt blieb. Das waren tatsächlich die Überlegungen, die für diese Uhrzeit sprachen. Und so brannte es sich jahrzehntelang in die Herzen der meisten Fans ein: Fußball war am Samstag um halb vier. Und nirgendwann sonst.

Es sei denn, das Wetter schlug Kapriolen – was häufig vorkam in Zeiten, in denen das Ozonloch noch nicht existierte und eine Rasenheizung ebenso wenig erfunden war wie das Bezahlfernsehen. Besonders schlimm war es im sogenannten »Jahrhundertwinter« des Jahres 1978/1979. Schon im November fiel damals im ganzen Land Schnee in solchen Massen, dass die Räumdienste nicht mehr hinterherkamen und der Verkehr flächendeckend von Hamburg bis München wochenlang zusammenbrach. Über Weihnachten herrschte kurzzeitig Tauwetter, aber schon Ende Dezember kam der Frost zurück – und blieb. Schneeverwehungen lösten in ganz Norddeutschland eine Katastrophe aus, deren Folgen noch nicht beseitigt waren, als es im Februar erneut heftig schneite. Die dritte große Neuschneewelle folgte Mitte März.

Das alles hatte zur Folge, dass am 20. Januar, dem 19. Spieltag und ersten nach der Winterpause, nur zwei kümmerliche Spiele stattfinden konnten: Mein Vater und 36 000 andere Zuschauer erwärmten sich in Nürnberg am überraschenden 1:0-Sieg gegen Tabellenführer Stuttgart, und Düsseldorf trat vor 12 000 frierenden Besuchern gegen Bochum an. Alle anderen Partien wurden abgesagt – und mussten nachgeholt werden. Doch der Kalender war voll, und das Wetter wurde nicht besser. Vier Wochen später schob man zunächst Darmstadt gegen Köln und Kaiserslautern gegen Hertha in den normalen Spielplan ein. Wiederum vier Wochen später, es war nun schon der 13. März, trat Braunschweig gegen Frankfurt an und am Folgetag der HSV gegen Bremen. Am 31. März holten Mönchengladbach und Dortmund ihr Duell nach, am Dienstag, dem 8. Mai, fand sich endlich eine Lücke für das Spiel Duisburg gegen Bayern, und um den 19. Spieltag zu komplettieren, bestritten Schalke und Bielefeld ihr Match am 26. Mai, zwei Wochen vor Saisonende. 46 Spiele fielen damals insgesamt aus, was in der DFB-Zentrale über Monate hektische Betriebsamkeit auslöste, um Ersatztermine zu finden, wieder zu verschieben und schließlich zum zweiten oder gar dritten Mal neu anzusetzen.

Derlei Spielabsagen traten immer wieder auf: Insgesamt 384 Begegnungen mussten in den fast sechs Jahrzehnten Bundesliga verschoben werden – die meisten wegen Schnee und Regen, aber auch

124 | EIN SPIEL DAUERT 90 MILLIONEN

schon mal, weil in Kaiserslautern das Dach kaputtging, Madonna den Rasen in Frankfurt ruinierte, Schiedsrichter Babak Rafati sich das Leben nehmen wollte oder der FC Bayern bei der Klub-WM in Marokko antrat. Aber gegen das Wetter ließ sich nun mal nichts machen, und die anderen Ursachen waren kuriose, dämliche oder auch tragische Einzelfälle. Die Zerstückelung der Spieltage durch das Fernsehen ist freilich weitaus ärgerlicher. Denn sie findet mutwillig statt.

Zwar fand bereits am 8. November 1963 um 20 Uhr mit der Partie Eintracht Braunschweig gegen den 1. FC Köln das allererste Freitagsspiel der Bundesligageschichte statt, und auch zwei oder drei »Englische Wochen« wurden seinerzeit pro Saison schon durchgeführt. Allerdings nicht wegen irgendwelcher milliardenschweren TV-Verträge, sondern wegen der terminlichen Enge durch Schulferien und Feiertage – oder wie im Fall Braunschweig gegen Köln, weil die Landespolizei darum gebeten hatte und das Braunschweiger Stadion als eine der wenigen Spielstätten bereits die entsprechenden Beleuchtungsvorrichtungen besaß. Nach und nach akzeptierten die Fans, dass eine Begegnung am Freitagabend durchaus ihren Charme hatte, weil man sich zuvor gemütlich in der Kneipe treffen konnte, es draußen schon dunkel war und die Lichtmasten der Stadien einen vierfachen Schatten von den Spielern produzierten. Knapp 1700 Freitagsspiele gab es seit diesem 8. November – regelmäßig eingeführt wurden sie ab der Saison 1978/1979, und nur von 2001 bis 2005 gab es sie nicht.

Damals, zu Beginn des neuen Jahrtausends, forderte stattdessen Leo Kirchs »Premiere«, das nun bereits 180 Millionen Euro pro Saison für die Pay-TV-Rechte bezahlte, der Sonntag müsse als regelmäßiger Spieltag für die Bundesliga hinzukommen – mit zwei Spielen, die beide um 17.30 Uhr stattfinden sollten. Bis dahin war der Sonntag, wenn schon nicht dem Herrgott, dann aber wenigstens vorwiegend der zweiten Liga vorbehalten, die an diesem Tag jahrzehntelang komplett um 15 Uhr spielte. Die Einführung der Sonntagsspiele in der Eliteklasse war jedoch nicht der erste durch das Fernsehen erzwungene Tabubruch: Im Unterhaus hatte man die Sezierung des Spieltages zum Leidwesen aller Anhänger längst erprobt. Schon 1993 gab der DFB dem »Deutschen Sportfernsehen« die Erlaubnis, eine Zweitligapartie am Montagabend zu zeigen – dem mit Abstand beschissensten Tag, den man sich für ein Fußballspiel vorstellen konnte, weil die Woche gerade begann und Auswärtsfahrten nahezu unmöglich wurden, wenn man nicht arbeitslos war oder extra Urlaub nahm.

Zugegebenermaßen gab es sogar bereits einige solcher Partien in der ersten Liga, wenngleich aus anderen Beweggründen als dem schnöden Mammon: Die ersten vier Montagsspiele fanden sogar gleich in der Premierensaison statt – am Ostermontag 1963, weil an einem bundesweiten Feiertag zuvor mehrere wegen der schlechten Witterung ausgefallene Spiele am problemlosesten nachgeholt werden konnten. Der letzte Osterfeiertag musste denn auch in den Jahren 1964, 1970, 1986 und 1990 als Ersatztermin herhalten, wenn der Winter den Spielplanern des DFB einen Strich durch die Rechnung machte. Am 27. April 1970 duellierten sich Rot-Weiß Essen und Werder Bremen als erste Teams an einem Montag, der zugleich ein gewöhnlicher Werktag war – weil der Platz an der Hafenstraße am Wochenende zuvor wegen heftigen Regens als unbespielbar eingestuft worden war. Starker Regen war auch der Grund, warum Borussia Dortmund und Waldhof Mannheim anno 1985 auf einen Montag, den 15. April, ausweichen mussten, während der VfL Bochum fast genau zwei Jahre später gegen Bayer Uerdingen um eine Verschiebung auf den Montag bat, um dem zeitgleich am vorherigen Samstagnachmittag angesetzten und ausverkauften Heimspiel des konkurrierenden Reviernachbarn FC Schalke gegen den FC Bayern zu entgehen. Genutzt hat es wenig, ins Ruhrstadion kamen nur 5000 Zuschauer, doch das focht die Fernsehmacher nicht an: Sat.1 wagte schon einmal in der Bundesliga das Experiment, den Spieltag aus rein kommerziellen Gründen auseinanderzuziehen – und übertrug für eine dreiviertel Million Mark Extraprämie den Klassiker Bremen gegen München am 26. April 1993 als großes Live-Event.

Dieser Präzedenzfall geschah also in demselben Jahr, in dem die Zweite Liga – vermutlich für immer – mit einer Partie pro Spieltag auf einen Tag ausweichen musste, an dem auch die meisten fußballinteressierten Menschen eigentlich froh waren, nicht aus dem Haus gehen zu müssen, aber was zählte das jetzt noch? Die Folgen des nun regelmäßigen Montagsspiels sahen so aus, dass zwar die Quoten für den Mini-Sender DSF ganz ordentlich, die Stadien aber zumeist halb leer und die Schmerzgrenze der meisten Fans ausgereizt waren. Wir protestierten fortan zwar tapfer, aber erwiesenermaßen erfolglos gegen den Spieltagsabschluss zum Wochenauftakt, und allenfalls mein schlechtes Gewissen trieb mich gegen Bielefeld, Ahlen, Ingolstadt oder Düsseldorf hinaus in die kalte Nacht – wohl wissend, dass wenige Stunden nach dem Schlusspfiff schon wieder der Wecker klingelte.

Einige Jahre später kam auch in der zweiten Liga der Freitag hinzu, und zwar gleich mit bis zu fünf Spielen, und seit 2009 steht noch dazu der Samstag mit auf dem Plan. Im stinknormalen Ligabetrieb gab es nun mehr Fußballtage als Nicht-Fußballtage. Irgendeinem geschäftstüchtigen Schlauberger fiel bei den Verhandlungen zwischen der 2001 gegründeten Liga-Organisation DFL mit den TV-Sendern auf, dass man noch mehr Geld von den einzelnen Bietern herausholen konnte: Fortan spielten erste und Zweite Liga nicht mehr parallel. Man entschied sich nach englischem Vorbild für den unsäglichen Spielbeginn samstags um 13 Uhr – vermutlich, damit in den zu Hunderten entstandenen »Sportsbars« zwischen dem Schlusspfiff in Fürth und dem Anstoß in Dortmund ausreichend Gelegenheit blieb, einmal ordentlich über die Tische zu wischen. In all den Jahren, in denen ich nun schon zwangsläufig die Spiele in beiden deutschen Profiligen verfolge, habe ich keine der inzwischen zehn möglichen Anstoßzeiten mehr gehasst als den verdammten Samstagmittag, trotz des nervötenden Montags. Der Grund: Die 13-Uhr-Spiele zerrissen unsere Wochenenden und stellten die Geduld meiner und zahlloser anderer Ehefrauen jedes Mal aufs Neue auf eine harte Probe. Schließlich waren wir zwischen 12 und 16 Uhr nicht zu Hause, anstatt das zu tun, was ein Familienvater derweil an einem Samstag eigentlich machen sollte – zumindest bis, sagen wir mal, halb vier.

Natürlich hätte ich auch einfach daheim bleiben können. Aber welcher Fan, für den der Fußball nach der eigenen Familie das Wichtigste ist, kann das schon mit sich vereinbaren? Tatsächlich freue ich mich trotz des ganzen Ärgers über den überbordenden Kommerz und die groteske Diktatur des Fernsehens immer noch alle zwei Wochen auf die Heimspiele meines Vereins. Der Fußball lenkt mich vom stressigen Alltag ab, und an den Spieltagen bin ich schon beim Aufwachen aufgeregt wie ein Kind. Also gehe ich »trotzdem« hin, an Samstagen um die Mittagszeit ebenso wie Montag spätabends oder unter der Woche um halb sechs, trotz endloser Staus im Berufsverkehr und einer elenden Hetzerei. Rückblickend kommt es mir so vor, als hätten die Offiziellen die Anhänger von Zweitligavereinen als Versuchskaninchen eingespannt, um auszuprobieren, wie weit sie mit der Auffächerung der Zeiten noch gehen konnten.

Leo Kirch indes war an dieser für uns mithin trostlosen Entwicklung nicht mehr beteiligt. Schon 2002 kam es zum großen Knall: Die Deutschen schienen zu geizig zu sein für das Geschäftsmodell Pay-TV, das in anderen Ländern wie England, den USA oder Spanien bereits deutlich besser funktionierte. In den Jahren zuvor gab es immer wieder verzweifelte Versuche der »Premiere«-Verantwortlichen, die Abozahlen zu steigern. Die möglichen Programmpakete wechselten beinahe im Monatsrhythmus; in Supermärkten und Fußgängerzonen standen drückerkolonnenartig die Anwerber, sie lockten mit günstigen Angeboten und wertvollen Prämien, wenn man einen Vertrag abschloss. Zwischenzeitlich zerstritt sich Kirch mit seinen Mitgesellschaftern bei »Premiere« und gründete einen Konkurrenzsender namens DF1, der sich jedoch schon nach drei Jahren wieder auflösen musste. Dann hieß der Sender auf einmal »Premiere World«. In ganz Deutschland hingen Plakate, die für das neue Angebot warben – offenbar ohne durchschlagenden Erfolg, weshalb der großspurige englische Zusatz nach kurzer Zeit wieder verschwand. Und dann ging auch noch Kirchs gesamte Unternehmensgruppe pleite, wegen unglaublicher sechseinhalb Milliarden Euro an Verbindlichkeiten. Man konnte also nicht gerade behaupten, dass die tolle Idee, Fußball vorwiegend gegen Bezahlung anzubieten, hierzulande funktionierte. Auch mein Vater hatte im Zuge des ganzen Chaos sein Abo längst wieder abbestellt. Kurioserweise bemerkte niemand, dass er weiterhin seinen Decoder benutzen und Fußball ansehen konnte, ohne dass er etwas dafür bezahlte. Dass sich auf diese Weise kein Geld verdienen ließ, leuchtete ein.

An diesem Punkt hätte die Geschichte der Kommerzialisierung des Fußballs nun zu Ende sein können, verbunden mit der Hoffnung, dass sich alles wieder einpendelte – und die riesigen Beträge, die in den Jahren zuvor in den Fußball gespült worden waren, wieder auf ein normales Maß schrumpften. Dementgegen stand die Gier, die trotz des immensen Schuldenbergs auf beiden Seiten geweckt worden war: Die Liga wollte nicht mehr auf die zuletzt 350 Millionen Euro verzichten, die ihr die Fernsehvermarktung einbrachte. Und die Fernsehmacher hofften immer noch, dass bei den deutschen Fußballfans der Groschen fiel und sie bereit waren, für die Übertragung 50 Euro und mehr im Monat zu bezahlen.

Trotzdem sanken nach der Kirch-Pleite die Einnahmen erstmals wieder – um fast 80 Millionen Euro. Die Blase war geplatzt, das Geld war allerdings schon im Umlauf: Einige Bundesligavereine benötigten Bürgschaften, um nicht selbst Konkurs anmelden zu müssen, weil sie schon mit den höheren Erlösen geplant hatten. Auch Sat.1 stieg nun wieder aus dem Wettbieten aus. Nach elf langen Jahren hatte mein Vater seine »Sportschau« zurück, die in der Zwischenzeit auf einen 30-minütigen Torso geschrumpft war, in dem aus der schieren Not heraus langweilige Berichte vom Training unter der Woche liefen und nur das »Tor des Monats« als Erkennungszeichen von einst übrig geblieben war.

Dann, im WM-Jahr 2006, explodierten die Preise nach vier Jahren Stagnation erneut. Völlig überraschend hatte ein neuer Anbieter namens »Arena« den Zuschlag erhalten, weil sein Gebot um beinahe 100 Millionen Euro höher lag als das des mittlerweile halbwegs gesundgeschrumpften Bezahlsenders »Premiere«. Weil sich die Betreiber von »Arena« aber nicht mit Kabel Deutschland über eine Einspeisung ins Netz einigen konnten, waren nur sehr wenige Fans in der Lage, den neuen Pay-TV-Sender überhaupt zu empfangen. Hinter den Kulissen wurde gefeilscht und gestritten, und ein paar Wochen lang sah es so aus, als würde es in der folgenden Saison überhaupt keine Direktübertragung der Bundesliga mehr geben. Kurz vor knapp einigten sich die Beteiligten aber doch noch, und »Premiere« ermöglichte »Arena« die Übertragung auf den eigenen Kanälen. Was das alles zu bedeuten hatte, verstand kaum einer. Das war aber auch nicht nötig, denn ein Jahr später gab es auch »Arena« nicht mehr. »Premiere« war wieder allein auf dem Markt.

Seitdem ist viel passiert. »Premiere« ging in der Sky Deutschland AG auf, deren englische Muttergesellschaft schon seit 1992 die Fußballübertragungsrechte für die Premier League besaß. Bis 2013 gab es von Sky und seinen Mitbietern wie ARD und ZDF, Sport1 oder der Axel Springer AG für die Bundesliga jedes Jahr mehr oder weniger das gleiche Geld – um die 400 Millionen Euro. Nicht dass das wenig gewesen wäre, doch schon damals wurden in Großbritannien mehr als 2 Milliarden Euro an entsprechenden Erlösen erzielt, und selbst Frankreichs Liga erzielte im Vergleich zu Deutschland fast doppelt so hohe TV-Gelder. In der Bundesliga mehrten sich die Stimmen, dass man international bald nicht mehr mithalten könnte, wenn man nicht deutlich mehr Einnahmen aus dem Fußball presste. Die Bosse der großen Klubs jammerten und malten ein düsteres Bild: Künftig würden die besten Spieler nur noch bei Chelsea, Manchester oder Arsenal unterschreiben, weil Bayern und Dortmund nicht mehr über die nötigen Argumente in Form von siebenstelligen Monatsgehältern verfügten.

Der Verkauf der Rechte auch ins Ausland und vor allem das Internet und seine vielfältigen Übertragungsmöglichkeiten machten es schließlich möglich, dass seit einigen Jahren mit dem Fußball im Fernsehen bis dato ungeahnte Summen erzielt werden. Von 628 Millionen Euro 2013 über 817 Millionen Euro 2015 auf zuletzt fast 1,5 Milliarden Euro pro Jahr ist die Ausbeute inzwischen angewachsen. Diese Einnahmen machen mittlerweile mindestens ein Drittel des Gesamtumsatzes der Profiklubs aus, was die Abhängigkeit von diesem Geld natürlich enorm fördert. Acht sogenannte TV-Pakete hat die DFL für den Rekorderlös verschachert, mit verschiedenen Optionen für Free- und Pay-TV-Anbieter, für Streamingdienste und Online-Audio-Angebote. Die Anstoßzeiten sind dafür noch weiter auseinandergezogen worden, es gibt nun Spiele in der ersten Liga am Freitag um 20.30 Uhr, am Samstag um 15.30 und 18.30 Uhr, am Sonntag um 15.30 und 18 Uhr und fünf Mal im Jahr auch um 13.30 Uhr. Dazu kommen noch fünf Montagsspiele pro Saison, die wiederum um 20.30 Uhr beginnen. Die Zweite Liga spielt an jedem dieser Tage irgendwann davor, und es scheint nur noch eine Frage der Zeit, bis noch weitere unmögliche Termine hinzukommen – morgens um zehn vielleicht, damit der deutsche Fußball im Wachstumsmarkt Asien zur besten Sendezeit laufen kann oder kurz vor Mitternacht, was sich wiederum für die Übertragung in Nordamerika bestens eignen würde. Die Tabus bröckeln jedenfalls, und die vorübergehende Teilnahme der chinesischen U20-Nationalmannschaft am Ligabetrieb der Regionalliga Südwest war sicher nicht der letzte Versuch in diese Richtung.

Um attraktiv zu bleiben, braucht es aus Sicht der Veranstalter heutzutage anscheinend mehr als nur den Fußball an sich – es braucht eine gigantische Show drum herum. Inzwischen stehen bei jedem Match, das im Fernsehen übertragen wird, rund um das Spielfeld bis zu 40 Kameras. Es gibt welche mit verschiedenen Brennweiten, um Szenen aus jedem Winkel zeigen zu können. Es gibt Handkameras, die so nah in die Gesichter zoomen, dass man die Leberflecken der Spieler zählen kann. Es gibt Kameras, die Adleraugen genannt werden und über das Spielfeld schweben. Und es gibt Modelle, die das komplette

Spiel in Superzeitlupe aufzeichnen sowie Drohnen und Helikopter, die das Stadion von oben filmen. In gläsernen Studios sitzen Menschen, die in epischer Länge über das gerade Gesehene diskutieren und auf hypermodernen Computerbildschirmen mit Berührungssensoren Spielzüge nachahmen. Allein die mit einem aktuellen Chart-Hit unterlegten Trailer von Sky in theatralischer Super-Slow-Motion erinnern eher an einen Hollywood-Blockbuster als an ein Fußballspiel, und vermutlich hat Steven Spielberg bei seinen Produktionen auch nicht mehr Technik zur Verfügung, als beim Spiel Heidenheim gegen Sandhausen aufgebaut ist.

Dort tritt wenigstens kein Schlagerstar in der Halbzeit auf, doch auch wenn Helene Fischer wohl vorerst bei keinem Pokalfinale mehr singen dürfte, war der Versuch, den der DFB mit diesem Klimbim rund um das eigentliche Spiel aufzog, ein Fingerzeig, wo es künftig hingehen könnte: Man möchte den Fußball verstärkt für Zielgruppen attraktiv machen, die mit dem sportlichen Geschehen auf dem Rasen eher wenig anfangen können – aber zum Beispiel ein epochales Feuerwerk, jede Menge buntes Beiwerk und den Auftritt eines internationalen Musikstars goutieren. Wer einmal das Endspiel um den amerikanischen Super Bowl im American Football gesehen hat, der ahnt, was unserem Lieblingssport eines Tages droht.

Auf der Strecke geblieben sind wir Fans, die sich Fußball im Fernsehen kaum noch leisten können und keine Lust haben, zu unwirtlichen Zeiten ins Stadion zu gehen. Selbst die »Sportsbars« sterben langsam wieder aus, weil Sky die Preise dafür nach einem undurchsichtigen Schlüssel aus Größe des Gastraumes, der Anzahl der Sitzplätze oder der Einwohnerzahl des jeweiligen Ortes festlegt und mit schöner Regelmäßigkeit drastisch erhöht. Immer häufiger müssen Kneipenbesitzer die Fußballübertragungen in ihrem Lokal konsterniert aufgeben, weil sie gar nicht so viel Pils verkaufen können, dass sich das Ganze noch rechnet. Aber vermutlich werden wir alle gar nicht mehr benötigt für die mediale Inszenierung. Man könnte all die modernen Kameras

132 | EIN SPIEL DAUERT 90 MILLIONEN

sicherlich auch so einstellen, dass im TV gar keine Zuschauerränge mehr zu sehen sind, und Anfeuerungsrufe ließen sich höchstwahrscheinlich auch vom Band einspielen, während die »Allianz Arena« und andere schicke Fußballtempel bald ohnehin nur noch aus Business Lounges bestehen dürften. Derweil teilen die großen Klubs die Milliarden unter sich auf und werfen den kleinen Vereinen ein paar finanzielle Brosamen zu – die Tatsache missachtend, dass die Schere zwischen Oben und Unten immer weiter auseinanderklafft und echter Wettbewerb zwischen den Ligen verhindert wird. Besser wird der Fußball durch das viele Geld nicht, es ist schlicht nur mehr davon im Umlauf – was in letzter Konsequenz bedeutet, dass selbst ein mittelmäßiger Kicker heute Millionen verdienen kann. Inzwischen werden schwindelerregend hohe Ablösesummen für gewöhnliche Spieler aufgeboten, die noch vor einigen Jahren allenfalls für absolute Spitzenkräfte wie Messi oder Ronaldo bezahlt worden wären.

Ich bin, das muss ich ehrlich zugeben, noch nicht ganz so weit, dass ich mich endgültig vom durchchoreografierten Fernsehfußball des 21. Jahrhunderts abwende. Noch schaue ich die Spiele im Pay-TV und gebe dafür eine Menge Euro pro Monat aus, und noch marschiere ich auch an einem noch so bitterkalten Montagabend hinaus in die Dunkelheit und setze mich zu meinen Freunden in den Block. Ich ärgere mich selbst darüber, aber ich habe immer das Gefühl, meinen Verein im Stich zu lassen, wenn ich es nicht tue. Mein Vater allerdings macht da nicht mehr mit. Er hat längst keine Lust mehr, zu unbotmäßigen Zeiten ins Stadion zu gehen; er will auch nichts wissen von für ihn so merkwürdigen Dingen wie dem »Eurosport-Player« oder anderen kryptischen Internetangeboten. Er hat sein Pay-TV-Abonnement gekündigt und schaut selbst die Sportschau nur noch gelegentlich. Stattdessen sitzt er an den Samstagen wieder in der Küche und schaltet um halb vier das alte Kofferradio ein, das immer noch funktioniert wie am ersten Tag. Es ist wahrscheinlich das Einzige, das ihn noch an den Fußball von früher erinnert.

WEIL EIN KATHOLISCHER PROFESSOR NICHT AUFGEBEN MOCHTE

ODER: DAS ENDE DER LOYALITÄT

Eigentlich wollte ich nicht schon wieder von Max Morlock erzählen. Aber da es im Folgenden um das Thema »Vereinstreue« geht, bietet mir seine Karriere den passenden Kapiteleinstieg: In rund zweieinhalb Jahrzehnten hat der Mann fast 1000 Spiele ausschließlich für den 1. FC Nürnberg bestritten. Dabei hätte auch er nach dem Weltmeistertitel 1954 ohne Probleme zu einem Verein ins Ausland wechseln können, der seine Angestellten großzügiger entlohnte als seinerzeit hierzulande üblich. Dasselbe galt für die Sportskameraden Fritz und Ottmar Walter, Horst Eckel oder Hans Schäfer. Diese Generation Fußballspieler verkörperte eine Verbundenheit, wie sie romantischer und idealistischer nicht hätte sein können: Die Heimat und der Verein, sie waren wichtiger als alle materiellen Verlockungen. Mit heute verglichen wäre das in etwa so, als würde Cristiano Ronaldo noch immer bei Nacional Funchal spielen, in der zweiten portugiesischen Liga – nur weil er die Insel Madeira, auf der er geboren wurde, so sehr

134 | EIN SPIEL DAUERT 90 MILLIONEN

in sein Herz geschlossen hat. Wie illusorisch erscheint das in einer Zeit, in der selbst halbwüchsige Burschen ganz selbstverständlich von ihrem Zuhause, ihrer Familie und ihren Freunden fortgehen, weil die Späher von Bayern München, der TSG Hoffenheim oder von Schalke 04 sie für talentiert genug befinden, ihren Werdegang in den jeweiligen Nachwuchsinternaten fortzusetzen.

Um Missverständnissen vorzubeugen, muss an dieser Stelle jedoch gesagt werden, dass Vereinswechsel selbst in den 1950er-Jahren nichts Außergewöhnliches waren. Toni Turek verließ Fortuna Düsseldorf 1956 und schloss sich im letzten Jahr seiner aktiven Laufbahn Borussia Mönchengladbach an. Helmut Rahn widerstand zwar einer üppig dotierten Offerte von River Plate Buenos Aires, die wenige Wochen vor der Weltmeisterschaft im Rahmen einer Südamerikareise mit Rot-Weiß Essen an ihn herangetragen wurde. Trotzdem zog es ihn 1959 zunächst von Essen nach Köln und später weiter in die Niederlande, wo er zwei Jahre beim Sportclub Enschede unter Vertrag stand, bevor er beim Meidericher SV seine letzten Spiele bestritt. Und Charly Mai wanderte von Fürth zu den Bayern, später nach Zürich und schließlich zum österreichischen FC Dornbirn, bei dem er im Alter von 36 Jahren mit dem Fußball aufhörte.

Nichtsdestotrotz war es für einen Fußballklub damals natürlich und logisch, seine Spieler vorwiegend aus der eigenen Region zu rekrutieren. Wieso sollte etwa der 1. FC Kaiserslautern begabte Nachwuchsfußballer aus Baden-Württemberg oder Nordrhein-Westfalen in die Pfalz holen, wenn doch die eigene Umgebung ausreichend Talente bereithielt? Wer wie Torwart Willi Hölz aus Frankenthal, Mittelfeldspieler Otto Render aus Siegelbach oder Linksaußen Karl Wanger aus Roxheim stammte, war ohnehin mit ziemlicher Sicherheit ein glühender FCK-Anhänger, was sich idealerweise positiv auf das Engagement auswirkte und den leistungshemmenden Faktor »Heimweh« schon mal ausschloss. Lauterns legendärer Meisterspieler Werner Baßler spielte nur deshalb in den Vierzigerjahren mit schwerem Herzen zwei endlos lange Jahre für Holstein Kiel, weil er in dieser Zeit zur Kriegsmarine einberufen war. Bei seiner Rückkehr in die geliebte Heimatstadt und dem Anblick des Betzenbergs soll Baßler vor Glück geweint haben.

Die meisten Wechsel, die in jenen Tagen über die Bühne gingen, hatten freilich den Hintergrund, dass ein anderer Klub die bessere berufliche Perspektive für die Zeit nach der Karriere bot. Nur ausnahmsweise bestand die Motivation für eine Luftveränderung in einem besser dotierten Vertrag, weil die finanziellen Möglichkeiten der konkurrierenden Vereine vor 60 Jahren nicht besonders weit auseinander lagen – von den schwankenden Einnahmen aufgrund der unterschiedlichen Zuschauerkapazitäten einmal abgesehen. Es war ja auch grundsätzlich nichts dagegen einzuwenden, einen Arbeitgeber gegen einen anderen zu tauschen, auch wenn die meisten anderen Berufstätigen ganz selbstverständlich bei dem Betrieb in Rente gingen, bei dem sie bereits ihre Lehrzeit absolviert hatten. Doch der Fußball stand eben immer schon im Fokus der Öffentlichkeit, und daher war es kein Wunder, dass außergewöhnliche Leistungen des ein oder anderen Sportlers den Mitbewerbern deutlicher auffielen, als es bei einem Arbeiter an der Werkbank der Fall war.

Charlie Schütz war 1963 nach dem schon erwähnten Augsburger Idol Helmut Haller ein Jahr vorher eigentlich erst der zweite Spieler, bei dessen beruflicher Veränderung sich die Gemüter der Anhänger stärker erhitzten als bei all den Transfers zuvor – aus gutem Grund: Der beliebte Mittelstürmer, der als Heranwachsender vom SV Urania Lütgendortmund fünf Kilometer weiter östlich zum großen Nachbarn Borussia wechselte, wurde dort drei Mal binnen vier Jahren Torschützenkönig und erzielte in 126 Spielen stolze 111 Treffer. Daher lagen ihm die BVB-Fans zu Füßen – erst recht, als er wesentlich dazu beitrug, die dritte Deutsche Meisterschaft an den Borsigplatz zu holen. Dann aber erlagen sowohl der Verein als auch Schütz dem Lockruf der Lira, und für umgerechnet fast eine halbe Million Mark Ablöse und noch mal so viel Handgeld verließ der Ur-Dortmunder Charlie

136 | EIN SPIEL DAUERT 90 MILLIONEN

seine Geburtsstadt in Richtung Rom. Die Fans waren enttäuscht und wütend, weil die Italiener in ihren Augen mit geradezu mafiösen Methoden in fremden Gewässern fischten, was sogar zu Handgreiflichkeiten zwischen Einheimischen und italienischen Gastarbeitern in den Kohlezechen führte.

Haller und Schütz blieben dennoch eher die Ausnahmen. Im ersten Jahr ihres Bestehens verzeichnete die Bundesliga insgesamt gerade einmal 48 Zugänge, was einem Schnitt von nur drei neuen Spielern pro Verein entsprach, die man schon deshalb in den Kadern benötigte, weil eine ähnliche Anzahl an Spielern altersbedingt aufhörte. Otto Rehhagel war einer dieser weitgehend geräuschlos transferierten Kicker. Er tauschte das Trikot von Rot-Weiß Essen mit dem von Hertha BSC Berlin. Heinz Höher ging ohne Aufhebens von Leverkusen nach Duisburg-Meiderich und Franz Brungs von Mönchengladbach nach Dortmund. Nur der Wechsel Peter Grossers vom nicht für die Liga qualifizierten FC Bayern München zu den damals noch potenteren Münchner Löwen für die zulässige Höchstsumme von 50 000 D-Mark erzeugte aufgrund der traditionellen Fehde der Ortsrivalen etwas Unmut, zumindest beim Anhang der »Roten«.

Zehn Jahre später, die Bundesliga bereitete sich gerade auf die erste Fußball-Weltmeisterschaft in Deutschland vor, hatte Günter Netzer durch den Wechsel zu Real Madrid seinen Fohlen die Rekordablöse von 750 000 Mark eingebracht. Die Anzahl der Neuverpflichtungen zu Saisonbeginn erhöhte sich dennoch im Vergleich zu den Anfängen nur unwesentlich: auf nun 59, wovon allein der FC Bayern München für ein gutes Fünftel verantwortlich war, um seinen Kader im erbitterten Wettbewerb mit den Mönchengladbachern aufzufrischen, darunter die späteren Stars Jupp Kapellmann (aus Köln), Bernd Gersdorff (aus Braunschweig) oder Conny Torstensson (aus Atvidaberg, Schweden).

Abermals zehn Jahre später, in der Saison 1983/1984, posierten dann schon 75 Neue auf den Mannschaftsfotos. Karl-Heinz Rummenigge brachte dem FCB die seinerzeit als beinahe obszön betrachtete

Ablösesumme von 11,5 Millionen Mark aus Mailand ein, während Diego Armando Maradona alle bis dahin denkbaren Grenzen sprengte und für mehr als 20 Millionen Mark von Barcelona nach Neapel übersiedelte. Aber die Italiener waren ohnehin bar jeglicher Vernunft, was einerseits den Umgang mit Geld und andererseits die Liebe zum Fußball betraf. Insofern waren die deutschen Fans zwar einigermaßen fassungslos über derartige Beträge, konnten sich aber nicht ansatzweise vorstellen, dass derartig verrückte Preise irgendwann einmal auch auf dem hiesigen Transfermarkt gang und gäbe sein würden.

Die Fluktuation zwischen den Vereinen sowie zwischen In- und Ausland an sich aber war einigermaßen normal geworden und regte die Anhängerschaft nur noch dann auf, wenn ausnahmsweise unvorhergesehene Irrungen entstanden – wie etwa im Falle Andreas Möllers, der 1992 eigentlich bei Eintracht Frankfurt bleiben wollte, aber per UEFA-Dekret zu einem Wechsel zu Juventus Turin verdonnert wurde, weil er Juve dummerweise einige Jahre zuvor gewissermaßen ein Vorkaufsrecht auf sich selbst in Höhe von 1,2 Millionen D-Mark eingeräumt und für diesen Passus einen schönen Bonus kassiert hatte. Möller überlegte es sich dann aber wieder anders und wollte von der Klausel nichts mehr wissen, was schließlich die Verbandsoffiziellen von ganz oben auf den Plan rief. Das Wechseltheater nervte wochenlang ganz Frankfurt und kostete Möller persönlich am Ende 5 Millionen Mark, für die er sich notgedrungen aus seinem alten Vertrag bei der Eintracht herauskaufen musste.

Im Jahr 1995 schließlich verpflichteten die 18 Bundesligisten 134 Spieler und gaben im Gegenzug 128 ab, was einen neuen Transferrekord darstellte. Vor Saisonbeginn wähnte sich das geneigte Publikum inzwischen wie auf einem bizarren Sportlerbasar. Staunend beobachtete man, wie der Bochumer Publikumsliebling Uwe Wegmann auf einmal mir nichts, dir nichts beim 1. FC Kaiserslautern unterschrieb, Leverkusen Holger Fach ein paar Kilometer rheinabwärts vom Rivalen aus Gladbach zu sich lotste oder Dortmund Jürgen Kohler aus Italien zurück nach Deutschland holte. Und dass die Bayern mit Ciriaco Sforza aus Lautern, Andreas Herzog aus Bremen und Thomas Strunz aus Stuttgart gleich drei potenzielle Konkurrenten schwächten, verärgerte die halbe Bundesliga, gehörte jedoch zum Münchner Geschäftsprinzip, seit Calle Del'Haye 1980 von Mönchengladbach an die Isar geholt wurde, obwohl er überhaupt nicht ins Spielsystem von Trainer Pál Csernai passte.

Der elementare Unterschied zu heute lag jedoch darin, dass der Gram jener, die fortan auf einen ihrer Leistungsträger verzichten mussten, in aller Regel zumindest durch ein stattliches Schmerzensgeld abgemildert werden konnte. Bestehende Verträge wurden bis zu diesem Zeitpunkt nahezu immer eingehalten, vor allem aber verblieb das Transferrecht auch dann beim letzten Verein, wenn der eigentliche Kontrakt des Spielers ausgelaufen war – das hässliche Wort »ablösefrei« existierte bis dahin de facto nicht. Dieses eigentlich dem bürgerlichen Vertragsrecht zuwiderlaufende Prinzip sicherte den meisten Klubs die schiere Existenz, denn wenn schon die Großen den Kleineren immer die besten Leute wegschnappten, dann sollten sie wenigstens ordentlich dafür bluten. Sforzas Wechsel nach München etwa spülte dringend benötigte sechseinhalb Millionen Mark in die Lauterer Kassen, und auch Rodolfo Cardosos Abgang nach Bremen wurde den Freiburgern mit über sechs Millionen D-Mark versüßt, was für die bescheidenen Breisgauer damals ein Vermögen war, das nahezu den halben Saisonetat zu decken vermochte. Dann aber kam der 12. Dezember dieses Jahres 1995.

Zu diesem Zeitpunkt spielte Jean-Marc Bosman bereits keinen Profifußball mehr. Als junger Mittelfeldspieler in der ersten belgischen Liga hatte der nur etwa 1,70 Meter große Akteur keine Bäume ausgerissen. Er stand von 1983 bis 1988 bei Standard Lüttich unter Vertrag, für das er in fünf Spielzeiten immerhin 74 Partien absolvierte. Dann wechselte er zum weniger populären Lokalrivalen RFC, der seine besten Zeiten als erster belgischer Meister lange hinter sich hatte, trotz des Pokalsiegs 1990, zu dem auch Bosman einen kleinen Teil beigetragen hatte. Das Geld war wie immer knapp, als er nach zwei insgesamt durchwachsenen Jahren kurz nach dem Finale zur Geschäftsstelle des Präsidenten André Marchandise zitiert wurde. Bosmans Vertrag lief aus, und Marchandise plante gerade ernsthaft, das RFC-Stadion zu verkaufen, damit ein Investor dort ein Kino bauen konnte. Man brauchte nicht viel Fantasie, um sich ausmalen zu können, dass der Klub am Ende war. Das wusste auch Jean-Marc Bosman.

»Marc, wir können dir dein bisheriges Gehalt nicht mehr zahlen«, sagte Marchandise mit ernster Miene, und Bosman zuckte mit den Schultern. Er verdiente umgerechnet 140 000 belgische Franc im Monat, knapp 3500 Euro, und wenn der RFC ihn nicht mehr adäquat zu honorieren vermochte, dann würde er eben weiterziehen. So war das nun mal in diesem Metier.

»Aber wir machen dir natürlich ein neues Angebot. Du kannst verlängern, für 35 000.«

Jean-Marc Bosman hielt das für einen Witz. Das waren nicht einmal 900 Euro im Monat, davon konnte er nicht leben. Jeder Hafenarbeiter in Antwerpen verdiente deutlich besser, also lehnte er die wahrscheinlich nicht ganz ernst gemeinte Offerte enttäuscht und wütend ab. Sorgen machte er sich keine: Er war sich sicher, dass sich für einen nicht einmal 26-jährigen Fußballspieler mit sechsjähriger Erstligaerfahrung ein anderer Verein finden würde, zur Not auch einer in der zweiten Liga. Aber für 900 Euro würde er sich nicht hergeben, dann konnte er gleich im neuen Kino als Kartenabreißer anfangen, aber das kam natürlich nicht infrage. Nach ein paar Wochen wurde Bosman tatsächlich fündig, im französischen Dünkirchen. Das war zwar nicht gerade der Nabel der Fußballwelt, aber es lag nur zehn Kilometer hinter der belgischen Grenze, und obwohl der örtliche USL Dunkerquois finanziell auch nicht auf Rosen gebettet war, war in der Division 2 auf jeden Fall mehr drin als beim respektlosen RFC Lüttich. Spieler und Verein einigten sich schnell, also marschierte Bosman wieder zu seinem Präsidenten und verkündete diesem, dass er wechseln wolle.

»Kannst du machen«, sagte André Marchandise. »Aber nur für 24 Millionen belgische Franc.«

Jean-Marc Bosman wusste nicht, ob er lachen oder weinen sollte. Was er sehr wohl wusste, war, dass rund 600 000 Euro Ablösesumme für einen Spieler wie ihn absurd erschienen – und dass Dünkirchen niemals einen solchen Betrag bezahlen wollte und konnte. Es war das Jahr, in dem der dänische Superstar Brian Laudrup für umgerechnet drei Millionen Euro zu Bayern München wechselte, ein Sensationstransfer im europäischen Fußball. 3 Millionen für Laudrup, 600 000 für Bosman – diese Rechnung ging nicht auf, so viel war klar. Was folgte, war ein wochenlanges Hin und Her. Marchandise weigerte sich, von seiner Forderung auch nur einen Franc abzurücken. Er brauchte dringend Einnahmen, und außerdem ging es ihm ums Prinzip. Irgendwann stieg der USL Dunkerquois entnervt aus den Verhandlungen aus, und auch kein anderer Klub in Belgien, Frankreich oder sonstwo auf der Welt wollte die geforderte Ablöse bezahlen. Also entschied sich Bosman, gegen seinen eigenen Verein zu klagen, weil der ihn nicht ziehen ließ.

Es war eine Klage, die den Fußball für immer veränderte.

Zunächst, nur wenige Wochen nach seiner Einlassung, gab ihm das Amtsgericht in Lüttich recht. Demnach sollte Bosman ablösefrei zu Dünkirchen wechseln können; es schien, als würde sich doch noch alles zum Guten wenden. Das Urteil war eine kleine Sensation, denn es setzte sich über die bis dahin üblichen Transfergepflogenheiten, die natürlich auch in Belgien Bestand hatten, hinweg. Folgerichtig legte der belgische Verband Berufung ein. Doch im Dezember 1990 bestätigte das Revisionsgericht zur Verwunderung aller die erste Entscheidung: Bosman durfte gehen – wohin auch immer, denn Dünkirchen wollte ihn nach all dem Wirbel längst nicht mehr. Allerdings riefen die Richter parallel dazu den EuGH an, denn sie sahen in diesem Fall die Notwendigkeit einer Grundsatzentscheidung. Es ging nicht mehr um Bosman, den RFC Lüttich oder den belgischen Fußballverband.

WEIL EIN KATHOLISCHER PROFESSOR NICHT AUFGEBEN MOCHTE | 141

Es ging um nicht weniger als die freie Arbeitsplatzwahl innerhalb der Europäischen Union. Das Ganze war jetzt eine sehr, sehr große Sache geworden.

Die UEFA erkannte die Gefahr, die in den Urteilen steckte. Sie protestierte prompt und weigerte sich trotzig, die europäische Gerichtsbarkeit anzuerkennen: Man wolle auch künftig selbst darüber befinden, welche Regelungen im Fußball zu gelten haben und welche nicht, erklärte UEFA-Präsident Lennart Johansson. Jean-Marc Bosman verzweifelte derweil an all den Paragrafen und Gesetzen, die er nicht verstand, und hatte Angst: weil er noch immer nicht wusste, wie er seine Miete bezahlen sollte – und weil er sich mit den Offiziellen der Branche angelegt hatte! Er wollte doch lediglich weiterhin Fußball spielen und davon halbwegs gut leben können. Nun aber konnte er sich nicht einmal einen Anwalt leisten. Just in diesen Tagen erhielt er einen Anruf von Roger Dillemans – ein Name, der ihm nichts sagte. Dillemans war gelernter Advokat, vor allem aber war er Jura-Professor an der katholischen Universität in Löwen. Und weil ein Uni-Professor seinen Studenten nun mal gerne Präzedenzfälle präsentierte und noch lieber solche, an denen er selbst mitgewirkt hatte, nahm er sich Bosmans Angelegenheit an. Er sah das riesige Potenzial, das in dem Fall steckte.

»Das hier kann Jahre dauern«, sagte Dillemans am Telefon zu Bosman. »Aber ich vertrete Sie, machen Sie sich keine Sorgen.«

Roger Dillemans, ein kleiner Mann mit freundlichem Gesicht und hohem Haaransatz, war kein ergrauter theoretischer Jurist, der im verschlissenen Cordsakko im Hörsaal langatmige Vorträge über Rechtsphilosophie oder die verschiedenen historischen Epochen der Jurisprudenz hielt. Bereits mit 18 hatte er in Belgien zu studieren begonnen, wechselte später nach Harvard und kehrte schließlich in seine Heimat zurück, wo er sich auf Erbrecht spezialisierte. Mit nicht einmal 28 Jahren erhielt er einen Ruf an jene Hochschule, an der er zehn Jahre zuvor sein Studium begonnen hatte. Er war einer der Mitverfasser des neuen belgischen Sozialrechts, engagierte sich politisch

142 | EIN SPIEL DAUERT 90 MILLIONEN

für die christdemokratische Partei und war sogar einige Jahre für die Gesundheitspolitik im kleinen Königreich zuständig. Und außerdem war er glühender Fußballanhänger.

Zu dem Zeitpunkt, als Bosman auch in zweiter Instanz recht bekam, war Dillemans bereits seit einigen Jahren Rektor der angesehenen Löwener Universität. Er überredete den Fußballer trotz der Anrufung des höchsten Gerichts, standhaft zu bleiben und die Geschichte endgültig klären zu lassen. Bosman zögerte, aber Dillemans verbiss sich in die komplizierten Normen des Arbeitsvertragsrechtes und arbeitete sich durch sämtliche Klauseln und Fallstricke des bisherigen Transfersystems. Professor Dillemans wurde mehr und mehr zum väterlichen Freund, der Jean-Marc Bosman tröstete, als dieser öfter als einmal alles hinwerfen wollte. Er erklärte geduldig die Schriftsätze, die sich die Parteien hin- und herschickten. Und er feilte schließlich an einer Begründung, die so stichhaltig war, dass sie auch der eher einfach strukturierte belgische Mittelfeldspieler verstand: Warum, verdammt noch mal, sollten Profikicker weniger Rechte besitzen als jeder andere normale Berufstätige? Es kam ja auch kein Büroleiter darauf, seinem Buchhalter nach einem eventuellen Vertragsende den Weg zu einem neuen Arbeitgeber durch die Forderung eines Geldbetrages zu erschweren.

Als der Europäische Gerichtshof am 15. Dezember 1995 sein Urteil in der Sache Bosman/RFC Lüttich verkündete, unter dem nüchternen Aktenzeichen RS C-415/93, befand sich der Kläger trotz Dillemans' Beistand am Tiefpunkt seines Lebens. Der Gang durch die Instanzen hatte über fünf Jahre gedauert, an deren Ende Jean-Marc Bosman in der Garage seiner Eltern gewohnt hatte, weil er sich keine eigene Wohnung mehr leisten konnte. In der Fußballszene war Bosman isoliert, und kein Verein wollte den Querulanten einstellen, der es gewagt hatte, gegen die grundsätzlichen Gepflogenheiten des gesamten Profisports aufzubegehren. UEFA- und FIFA-Funktionäre hatten Protestnoten nach Brüssel geschickt, um die Entscheidung zu beeinflussen. Bosman fühlte sich verfolgt, bedroht und einsam. Aber juristisch gewann er, in ganzer Hinsicht: Professionelle Fußballspieler seien innerhalb der EU gewöhnliche Arbeitnehmer im Sinne des EG-Vertrages – insbesondere im Hinblick auf die dort festgeschriebene Freizügigkeit. Der Gerichtshof verbot mit dieser Begründung alle Forderungen nach der Zahlung einer Ablösesumme für den Wechsel eines Spielers nach Vertragsende. Das Gegenargument, Sportvereine seien nicht mit Wirtschaftsunternehmen gleichzusetzen, überzeugte das Gericht nicht – und schlussendlich stimmte das ja auch längst nicht mehr, denn ein Profiklub war natürlich bereits damals leider nichts anderes als ein auf Gewinn ausgerichtetes Unternehmen. Und auch die in einigen Ländern geltenden Ausländerregelungen, wonach lediglich eine bestimmte Anzahl von Ausländern in einer Mannschaft eingesetzt werden durften, wurden, zumindest für Spieler aus EU-Staaten, vom EuGH für nichtig erklärt.

Für die Branche kam das dem Einschlag einer Atombombe gleich.

Plötzlich war der Markt offen. Nicht alle Vereine begriffen sofort, was der Richterspruch in der täglichen Praxis für sie bedeutete. Die Spieler, vor allem aber ihre Berater, kapierten dagegen sehr schnell, welche unglaubliche Macht sie nun besaßen. Umgehend wurden die vom Urteil überrumpelten Arbeitgeber von Barcelona bis Bielefeld von ihren Akteuren und deren Vertretern unter Druck gesetzt, möglichst langfristige Verträge mit ihnen abzuschließen – wohl wissend, dass die Gegenseite nur noch dann eine Ablösesumme erzielen konnte, wenn ein Transfer auch während der Laufzeit zustande kam. Und wenn ein Vertrag auslief, dann strich man die vom neuen Klub gesparte Ablöse eben als sogenannten »Signing Bonus« ein, wie das gute alte »Handgeld« nun beschönigend genannt wurde. Dieses Gebaren hatte zur Folge, dass die Gehälter regelrecht explodierten – so überstiegen die Etats der 18 Bundesligisten schon im Jahr nach der Bosman-Entscheidung erstmals die 500-Millionen-Mark-Schwelle, was Max Merkel süffisant bemerken ließ, die Vereine sollten doch bald alle einen zusätzlichen Mitarbeiter einstellen, damit dieser die

144 | EIN SPIEL DAUERT 90 MILLIONEN

Tresortür zudrücken könne. Wüsste der 2006 verstorbene frühere Meistertrainer, dass sich das Gehaltsbudget heute auf fast eine Milliarde Euro vervierfacht hat, ein Spieler des FC Bayern München im Durchschnitt deutlich über 5 Millionen Euro per annum verdient und ein Profi selbst in Mainz oder Augsburg auf rund 600 000 Euro zuzüglich Erfolgsprämien kommt, dürfte es auf dem Hohenbrunner Friedhof ziemlich unruhig zugehen.

Die andere Konsequenz des Urteils bestand darin, dass die Verträge das Papier nicht mehr wert waren, auf dem sie gedruckt wurden. Spieler wechselten ein Jahr oder auch nur ein paar Monate, bevor ihr Arbeitspapier auslief, damit mit ihnen noch Geld verdient werden konnte. Oder sie verlängerten aus eben diesem Grund – und verabschiedeten sich dann mit einem großzügigen Abschiedsscheck. Auch die ominöse »Ausstiegsklausel«, ohne die im heutigen Fußballgeschäft kaum ein Zweitligakicker noch einen Kontrakt unterschreibt, ist einzig Jean-Marc Bosman zu verdanken.

Spieler, die ihr gesamtes Sportlerleben bei einem einzigen Verein zubrachten, gab es so gut wie nicht mehr. In England existiert sogar ein eigener Begriff für dieses früher beinahe selbstverständliche, heute aber so gut wie ausgestorbene Phänomen – der »One Club Man«, der unerschütterlich treue und kompromisslos heimatverbundene Kerle bezeichnete, wie es Max Morlock, Fritz Walter, Hans Schäfer oder Uwe Seeler waren. Das einzige Pflichtspiel des letzteren für einen anderen Klub als den HSV, nämlich den FC Cork Celtic, war übrigens einem Gefallen für seinen Ausstatter Adidas geschuldet. Später kamen Männer wie Klaus Augenthaler dazu, der von 1975 bis 1991 404 Spiele für »seinen« FC Bayern machte. Oder Marco Bode, der in 13 Jahren 379 Mal das Bremer Trikot trug. Weitere »Ein-Klub-Männer«: Thomas Brunner, der in 14 Jahren 402 Spiele für Nürnberg absolvierte. Bernhard Cullmann, der in 14 Jahren 341 Mal für Köln spielte. Des Weiteren: Dieter Eilts, Jürgen Grabowski, Christian Hochstätter. Sepp Maier, Frank Neubarth, Bernd Nickel, Wolfgang Overath, Hansi Pflügler. Lars Ricken, Helmut Roleder, Axel Roos.

WEIL EIN KATHOLISCHER PROFESSOR NICHT AUFGEBEN MOCHTE | 145

Thomas Schaaf, Katsche Schwarzenbeck, Berti Vogts, Herbert Wimmer. Und natürlich, gewissermaßen der König der deutschen »One Club Men«, Charly Körbel mit 602 Spielen in 19 Jahren für die Frankfurter Eintracht. Nie wieder wird ein Spieler diesen Rekord brechen, denn aktuell gehören nur noch Thomas Müller (seit 2000 bei Bayern München) und Philipp Bargfrede (seit 2004 in Bremen) zu diesem so illustren wie aufrechten Kreis. Aber wenn selbst zweifellos regional verwurzelte Kicker wie etwa Benedikt Höwedes, immerhin seit 2001 und damit seinem 13. Lebensjahr beim FC Schalke, eines Tages die angestammte Arbeitskleidung für immer in den Spind hängen und in die Fremde wechseln, dann weiß man, dass lebenslange Loyalität zwar eine schöne, aber keine realistische Vorstellung mehr ist.

Dafür etablierte sich in den Jahren nach Bosman auch in der Bundesliga die Gattung des Wandervogels, dessen herausragendstes Charakteristikum es ist, sich jeweils dort niederzulassen, wo ihm gerade der beste Vertrag angeboten wird. Srdjan Lakić zum Beispiel schaffte es, in den dreizehn Jahren seiner Profikarriere bei elf verschiedenen Vereinen zu landen – mit Hertha BSC, Kaiserslautern, Wolfsburg, Hoffenheim, Frankfurt und Paderborn befanden sich sechs davon in Deutschland. Sandro Wagner ist inzwischen bei den Münchner Bayern zwar wieder am Ausgangspunkt seiner Rundreise angekommen, hat aber fünf zumeist recht kurze Zwischenstationen in Duisburg, Bremen, Berlin, Darmstadt und Hoffenheim eingelegt. Max Kruse landete zuletzt in Bremen und damit ebenfalls wieder dort, wo alles begann, bevor der FC St. Pauli, der SC Freiburg, Borussia Mönchengladbach und der VfL Wolfsburg für ein Weilchen seine Arbeitgeber wurden. Bruno Labbadia und Markus Feulner brachten es insgesamt auch auf sechs Klubs, und für fünf verschiedene Mannschaften spielten gleich dutzendweise Kicker wie Henning Bürger, Marcel Ndjeng, Bachirou Salou, Du-Ri Cha, Jochen Kientz, Max Kruse, Markus Feldhoff, Mike Hanke oder Hanno Balitsch, um nur eine kleine Auswahl der Unsteten zu nennen. Womöglich tut man einigen dieser Herren

146 | EIN SPIEL DAUERT 90 MILLIONEN

ja auch unrecht, wenn man ihnen rein wirtschaftliche Motive für ihre häufigen Arbeitsplatzwechsel unterstellt, schließlich haben auch die Vereine ihren Teil zur nie endenden Rochade beigetragen. Als Fan jedoch mochte ich mich spätestens seit Mitte der Neunzigerjahre an manchem Tor gar nicht mehr erfreuen, weil ich wusste, dass das Logo, auf das der Schütze gerade so euphorisch klopfte, im Jahr darauf mit an Sicherheit grenzender Wahrscheinlichkeit nicht mehr dessen Trikot zieren würde.

Manchmal verspürte ich in dieser Hinsicht immerhin ein wenig Genugtuung, wenn sich die Vereine mit einer teuren Neuverpflichtung so richtig verzockten. So versenkte Werder Bremen einst fast acht Millionen Euro für einen Spieler namens Carlos Alberto, der nach nur zwei Einsätzen in drei Jahren und einer Trainingsprügelei ablösefrei die Biege machte. Borussia Dortmund überwies fünfzehn Millionen Euro für Viktor Ikpeba nach Monaco und bekam drei kümmerliche Tore als Rendite zurück. Der HSV legte über zehn Millionen für den kaum bekannten Schweden Marcus Berg hin und gab dem glücklosen Stürmer einen Fünfjahresvertrag, den dieser fortan geduldig auf der Tribüne oder diversen Ausleihstationen absaß. Bayern München musste die neun Millionen für einen gewissen José Ernesto Sosa ebenso weitgehend abschreiben wie der VfB Stuttgart seine siebeneinhalb Millionen für Jon Dahl Tomasson, und warum sie für Luuk de Jong tatsächlich zwölf Millionen Euro ausgaben, können sich die Verantwortlichen in Mönchengladbach heute vermutlich selbst nicht recht.

In Zeiten des ganz großen Geldes vermochte bereits ein einziger lukrativer Wechsel innerhalb der Bundesliga eine weltweite Kettenreaktion auszulösen. Exemplarisch konnte man das im Falle des Transfers von Mario Götze zu Bayern München im Jahr 2013 erleben: Weil Borussia Dortmund plötzlich 37 Millionen Euro aus dem Tresor der Bayern zur Verfügung hatte, konnte man finanziell selbst in die Vollen gehen – und für 13 Millionen Pierre-Emerick Aubameyang aus Saint

WEIL EIN KATHOLISCHER PROFESSOR NICHT AUFGEBEN MÖCHTE | 147

Etienne und für knapp den doppelten Betrag Henrikh Mkhitaryan aus Donezk einkaufen. Durch diese stattliche Einnahme war wiederum Mkhitaryans bisheriger Verein in der Lage, den Brasilianer Bernard von Atlético Mineiro zu verpflichten – für rund 25 Millionen, von denen ein Großteil in den einheimischen brasilianischen Markt floss, auf dem sich Mineiro in der Folge reichlich bediente. Götzes Ankunft bei den Bayern sorgte unterdessen dafür, dass diese ihrerseits Mario Gomez für 15 Millionen Euro an den AC Florenz verkauften. Florenz hatte zuvor 27 Millionen für Stevan Jovetić von Manchester City erhalten, während Manchester Carlos Tévez für 12 Millionen an Juventus Turin abgab. Hier noch den Durchblick zu behalten war schwer, klar aber schien: Wäre Mario Götze in Dortmund geblieben, hätte es all diese Wechsel nie gegeben – oder zumindest nicht zu diesem Preis.

Dass angesichts dieses gelegentlichen Kuddelmuddels auch mal Pannen passierten, lag in der Natur der Sache.

Ein Jahr nach dem Bosman-Urteil landete der TSV 1860 einen echten Coup: Präsident Karl-Heinz Wildmoser gelang es, Altstar Abédi Pelé von Turin nach München zu lotsen. Der wunderte sich kurz nach seiner Vorstellung in der bayerischen Landeshauptstadt über die Farbe des Trikots, das er in die Kamera halten sollte – war er doch bislang davon ausgegangen, der FC Bayern spiele in Rot statt in Blau. Dass Pelé seine Signatur unter einen Vertrag des kleinen Lokalrivalen setzte, hatten ihm sein Berater und Wildmoser wohlweislich verschwiegen, ging es doch vorwiegend darum, im Herbst der Karriere nochmal ordentlich an dem damals 32-Jährigen zu verdienen. Immerhin machte der enttäuschte Stürmer dann trotzdem 52 Spiele für die Löwen.

Im selben Jahr machte mein Verein, der 1. FC Nürnberg, mit der Verpflichtung eines Zwillingspaars auf sich aufmerksam: Die Isländer Arnar und Bjarki Gunnlaugsson wurden mit viel Aufhebens beim Club vorgestellt. Was die Öffentlichkeit nicht erfuhr, war, dass eigentlich nur Stürmer Arnar von Feyenoord Rotterdam hätte geholt werden sollen. Weil aber den Offiziellen irrtümlich der identisch aus-

148 | EIN SPIEL DAUERT 90 MILLIONEN

sehende, nur leider deutlich untalentiertere Mittelfeldmann Bjarki aufgeschwatzt worden war, mussten die Nürnberger notgedrungen beide Brüder nehmen, um sich nicht vollends zu blamieren.

1999 präsentierte der VfB Stuttgart mit warmen Worten und viel Vorschusslorbeeren den 23-jährigen Angreifer Sebastião Pereira do Nascimento mit dem fanfreundlichen Rufnamen Didi. Leider absolvierte dieser seine sportärztliche Untersuchung erst nach der Unterzeichnung der Papiere, weshalb zu spät bekannt wurde, dass Didi keinen Knorpel und keinen Innenmeniskus mehr im linken Knie besaß. So kam der Spieler nur zu zwei kümmerlichen Einsätzen – und der VfB zu der Erkenntnis, künftig lieber einen Doktor mitzuschicken, wenn die Scouts ein Talent im Ausland aufgespürt hatten, das sie aus Angst vor Mitbewerbern gleich vor Ort dauerhaft an den Klub binden wollten.

Die Verantwortlichen von Hannover 96 verließen sich beim Kauf des Brasilianers Welington Wildy Muniz dos Santos, kurz França, dagegen darauf, dass er mit seinen im Exposé avisierten 1,90 Metern die von Trainer Mirko Slomka erhoffte kopfballstarke Verpflichtung für das Mittelfeld darstellen würde – und bemerkten erst bei der Ankunft am Flughafen Langenhagen, dass França fast zehn Zentimeter kleiner war. Nachdem er dann auch noch an Tuberkulose erkrankte, machte er kein einziges Spiel für die Niedersachsen und kehrte ein Jahr später in die Heimat zurück.

Eric Maxim Choupo-Motings Ausleihe zum 1. FC Köln scheiterte dagegen an einem defekten Faxgerät. Elf Minuten vor Transferschluss am 31. Januar 2011 schickte Choupo-Motings Vater das nötige Dokument an die Kölner, wo es jedoch nicht in Gänze ankam. Mehrere hektische Telefonate und einen Geräteaustausch später spuckte der Drucker dann doch noch die maßgebliche Seite mit der Unterschrift des Akteurs auf der Geschäftsstelle der Geißböcke aus, aber dummerweise geschah das dreizehn Minuten zu spät. Der Deutsch-Kameruner verblieb beim HSV und wurde dort zur zweiten Mannschaft in die Regionalliga strafversetzt.

Heute wechseln, meist freilich pannenfrei, innerhalb jeder Transferperiode bis zu 200 von den insgesamt knapp 500 Spielern in der Bundesliga den Verein. Knapp über 300 Millionen Euro Ausgaben standen zuletzt etwas mehr als 200 Millionen Euro an Einnahmen gegenüber, und schon diese Zahlen beweisen, dass es im gegenwärtigen Fußball ganz sicher nicht mehr um Verbundenheit, Beständigkeit oder Treue geht, sondern vorwiegend um die blanke Kohle. Und so kann es passieren, dass ein Kicker am Sonntagabend in der Kabine das verschwitzte Trikot seines alten Klubs auszieht und sich umgehend nach dem Duschen von seinem Berater mit der fabrikneuen Dienstkleidung seines künftigen Arbeitgebers für die sozialen Netzwerke fotografieren lässt, weil er dort am Montagvormittag vorgestellt werden soll.

Die Worte, die dann bei derartigen Inszenierungen verloren werden, ähneln sich stark: Meist ist auf Spielerseite die Rede von einer neuen Herausforderung, der nötigen sportlichen Weiterentwicklung oder einem lange gehegten Wunsch. Dabei grenzte der Fall des Armeniers Henrikh Mkhitaryan schon an Realsatire. So verkündete er im Sommer 2013 nach der Unterschrift bei Borussia Dortmund voller Stolz: »Es ist ein Traum! Mein Herz hat sich für Borussia Dortmund entschieden.« Zwei Jahre später, nach der Vorstellung bei Manchester United, erzählte er: »Hier zu sein ist wirklich ein Traum.« Und erneute zwölf Monate später, nun vor der Presse in London, berichtete er: »Ich habe immer davon geträumt, für den FC Arsenal zu spielen.« Mkhitaryan scheint jedenfalls mehr Traumphasen zu haben als üblich, und nur selten ist ein Protagonist so offen wie Robert Lewandowski, der vor nicht allzu langer Zeit in einem Interview bekundete: »Man sollte aufhören, den Profifußball mit solchen Emotionen zu überlagern. Loyalität ist zwar ein schönes Wort, eine wunderbar romantische Vorstellung und im Privatleben auch ein wichtiger Wert. Im Spitzensport zählen aber andere Parameter: Erfolg und Geld.«

Das ist wenigstens ehrlich. Aber eben auch ganz weit entfernt von den Ansichten eines Max Morlock oder eines Fritz Walter, die aufgrund ihrer Treue auf eine Menge Geld verzichtet haben, aber genau deswegen unsterblich geworden sind in den Herzen selbst der Anhänger, die sie gar nicht mehr als Spieler erlebt haben. Es bleibt abzuwarten, ob sich die Menschen eines fernen Tages auch noch an Wanderarbeiter wie Mkhitaryan oder Lewandowski erinnern werden, die im Laufe ihrer Karriere für etliche Vereine gespielt, dabei vielleicht sogar viele Titel gewonnen haben und unendlich reich geworden sind. Aber die dafür nirgendwo wirklich zu Hause waren.

Jean-Marc Bosman, der Auslöser dieses ganzen Wahnsinns, profitierte selbst am wenigsten von den Privilegien, die den Spielern nach der Entscheidung des Brüsseler Gerichtshofes zuteilwurden. Ein Benefizspiel für den zum Zeitpunkt des Urteils völlig verarmten Kläger musste abgesagt werden, weil kein Sponsor und so gut wie kein Kollege mit dem Mann in Verbindung gebracht werden wollten, der das gesamte System ins Wanken gebracht hatte. Es gab Spendenaufrufe der Spielergewerkschaft, doch diejenigen, die aufgrund von Bosmans Sturheit und Dillemans' Geschick nun binnen kürzester Zeit von Gutverdienern zu Multimillionären wurden, ließen ihren Helden hängen. Zwar erhielt er Ende 1998 vom belgischen Fußballverband rund 475 000 Euro Schadensersatz, aber weil er zu diesem Zeitpunkt bereits dem Alkohol verfallen war und an schweren Depressionen litt, blieb ihm nichts. Außer der sicherlich nicht besonders erfreulichen Erkenntnis, dass viele Menschen nur seinetwegen für ihr ganzes Leben ausgesorgt hatten. Und dass die Fußballwelt nach dem Urteil, das seinen Namen trug, nie wieder so sein würde wie zuvor.

WEIL DIETMAR HOPP KEINEN TRAINER IN DER HALBZEIT ENTLASSEN WÜRDE

ODER: DAS AUSSTERBEN DER PATRIARCHEN

Es ist das Schöne und das Grausame zugleich am Fußball, dass sich das Schicksal eines einzelnen Spieles, einer gesamten Saison, ja eines ganzen Vereins an einem winzigen Detail entscheiden kann: an einer Unebenheit im Rasen zum Beispiel, die verhindert, dass der Ball in der 90. Spielminute zum entscheidenden Tor ins Netz geht. Am Bruchteil einer Sekunde, den der Gegenspieler zu spät angerauscht kommt und dem besten Spieler der anderen Mannschaft das Schienbein bricht. An irgendeinem Pfiff des Schiedsrichters, der sich im Nachhinein als unberechtigt herausstellt. An der tief stehenden Sonne, die den Torhüter ausgerechnet in dem Augenblick in seiner Sicht behindert, in dem sich der eigentlich harmlose Schuss auf seinen Kasten senkt. Oder an der schlichten Fehleinschätzung eines Verantwortlichen.

Es war ein gewöhnlicher Tag im Frühjahr 1979, der wohl der weiteren Entwicklung der gesamten Bundesliga, vor allem aber der mei-

152 | EIN SPIEL DAUERT 90 MILLIONEN

nes späteren Herzensvereins eine vollkommen andere Wendung hätte geben können, wäre nur diese eine Entscheidung des gerade neu gewählten Präsidenten des 1. FC Nürnberg anders ausgefallen. Aber Michael A. Roth, so will es die nie dementierte Legende, wollte Ulrich Hoeneß partout nicht als Manager verpflichten, weil er für diese Position schlichtweg keinen Bedarf sah. Schließlich gab es an der Spitze der Nürnberger ja nun ihn, und die Frage, wofür man da noch einen anderen leitenden Angestellten brauchte, der sich um die Geschäfte kümmerte, stellte sich Roth damals nicht. Hoeneß war von Roths Amtsvorgänger zu Beginn der Saison 1978/1979 vom FC Bayern ausgeliehen worden, um den Aufsteiger nach fast einem Jahrzehnt der Zweitklassigkeit endlich wieder in der Bundesliga zu stabilisieren. Das Dumme an dem Plan war nur, dass die Belastbarkeit des Knies nicht mehr ganz mit dem Renommee des berühmten Außenstürmers mithalten konnte, weshalb Hoeneß nicht nur bei Bayern-Trainer Gyula Lóránt längst keine Rolle mehr spielte, sondern zuvor auch schon beim Hamburger SV durch die sportärztliche Untersuchung fiel, nachdem er empört eine Arthroskopie verweigerte.

In Nürnberg aber nahmen sie ihn dankbar auch ohne Gelenkspiegelung auf, doch wie eigentlich zu erwarten, machten der kaputte Knorpel, der beschädigte Meniskus und das lädierte Kreuzband auch hier nicht mehr lange mit. Uli Hoeneß absolvierte nur elf Spiele, erzielte keinen einzigen Treffer, und der Club stieg prompt wieder dorthin ab, wo er soeben erst hergekommen war. Weil dem schlauen Schwaben nach dieser ernüchternden Erfahrung klar war, dass er selbst nie wieder aktiv Fußball würde spielen können, fragte er bei Michael A. Roth nach einer Möglichkeit, ins Management des Vereins einzusteigen. Der Abstieg, so Hoeneß, böte dem FCN auch Möglichkeiten, sich mit innovativen Ideen und professionelleren Strukturen neu aufzustellen, doch Roth schüttelte nur verständnislos den Kopf – mit Innovationen hatte er es nicht so; er handelte unter anderem mit Perserteppichen. Daraufhin ging Uli Hoeneß zurück nach München und versuchte es dort.

Auch der FC Bayern hatte einen neuen Präsidenten, Willi O. Hoffmann, wegen seiner, nun ja, lebensbejahenden Einstellung »Champagner-Willi« genannt. Ob es nur seine geschäftliche Weitsicht war, Hoeneß nach dessen Vorsprechen umgehend einzustellen, darf bezweifelt werden. Wahrscheinlich hatte Hoffmann, der gemeinhin weitaus häufiger auf den Festivitäten der Münchner Schickeria als im Olympiastadion anzutreffen war, einfach keine Lust, sich um organisatorische und vertragsrechtliche Belange zu kümmern. Also gab er Uli Hoeneß alle Macht, und der verstand diese schnell recht selbstbewusst zu nutzen. Acht Jahre zuvor, kurz nach seinem Umzug aus seiner Heimatstadt Ulm nach München, hatte der Metzgersohn, der entgegen der landläufigen Meinung nie selbst diesen Beruf erlernte, vergeblich versucht, Betriebswirtschaft zu studieren. Doch die Ludwig-Maximilians-Universität, an der er sich zum Wintersemester 1971 einschreiben wollte, erkannte seine Abiturnote aus Baden-Württemberg nicht an und verwehrte ihm das Studium. Das aber sah Hoeneß nicht als Makel an.

»Ich verstehe etwas von Finanzen und Geschäften, ich verstehe etwas vom Fußball und Fußballspielen, ich bin prädestiniert für diesen Beruf«, verkündete er auch ohne BWL-Diplom zum Amtsantritt, und aus heutiger Sicht muss man selbst als Hoeneß gegenüber kritisch eingestellter Beobachter sagen, dass er damit auf ganzer Linie recht behielt. Hoffmann jedenfalls läutete mit seinem mutigen Entschluss, einen erst 27-jährigen Sportinvaliden mit derartig weitreichenden Aufgaben zu betrauen, ein neues Zeitalter bei den Bayern und auch im Fußball insgesamt ein. Roth hingegen, der in Nürnberg selbst die Anschaffung neuer Trainingsbälle zur Chefsache erklärte, die Geschäftsstelle des Vereins in seine Firmenzentrale verlegte und sich in sein holzgetäfeltes Büro ein riesiges Selbstporträt aus Wollflor an die Wand hängen ließ, machte sich in der Folgezeit mit unkonventionellen Äußerungen unvergesslich – wie mit jener nach einer peinlichen Heimniederlage gegen den VfB Lübeck, er besitze einen Waffenschein und eine Pistole, damit würde er einigen Spielern am liebsten das Hirn durchpusten.

154 | EIN SPIEL DAUERT 90 MILLIONEN

Diese Geschichte beweist natürlich keinesfalls, dass Michael A. Roth nur ein schlechter Präsident gewesen wäre – und Willi Hoffmann nur ein guter, so einfach ist es nicht. Immerhin half der fränkische Bodenbelaghändler meinem siechenden Traditionsverein mehrfach mit wohlwollenden Überbrückungskrediten aus der eigenen Tasche, nachdem auch die letzte vom bemitleidenswerten Schatzmeister angepumpte Bank aufgrund der mangelhaften Liquidität des FCN ein Darlehen dankend abgelehnt hatte. Und vielleicht hätte Uli Hoeneß in Nürnberg gar nicht solch große Erfolge erzielt, wie er sie in der Folge bei den Bayern verbuchen durfte. Aber beide Männer, so viel zumindest steht fest, waren unverwechselbare Charaktere; streit- und ehrbare Kaufleute, welche die Geschichte ihres Vereines durch ihre Entscheidungen maßgeblich prägten, weil sie von ihrem jeweiligen Handeln voll und ganz überzeugt waren. Sie waren Figuren mit Ecken und Kanten, mächtig und umstritten, jedoch zu ihrer Zeit eminent wichtig für den Fußball. Ohne sie wäre vieles anders verlaufen in den vergangenen fünf oder sechs Jahrzehnten, in denen sich aus einem reinen Amateursport das Profitum herausgebildet hat. Sie waren Patriarchen im besten Wortsinne, wie es sie heute nicht mehr gibt.

Der Begriff »Patriarch«, das nur zur kurzen Erklärung, stammt aus dem Altgriechischen und bedeutet in etwa »der Erste unter den Vätern«. Und genauso handelten diese Männer oftmals auch – beinahe wie Familienoberhäupter, die nur das Beste für ihre Sippe im Sinn hatten, nur dass diese eben zufälligerweise nicht aus Kindern und Enkelkindern, sondern aus Fußballspielern, Übungsleitern und Schlachtenbummlern bestand. Die Patriarchen der Bundesliga stammten nahezu allesamt noch aus einer ganz anderen Zeit – einer Zeit, in der Deutschland am Boden lag und mutige Kerle gebraucht wurden, die sich die Ärmel hochkrempelten und mit anpackten. Die meisten von ihnen halfen mit, ihre Heimat wieder aufzubauen, und formten in den 1950er- und 1960er-Jahren aus den Trümmern des Zweiten Weltkrieges das Wirtschaftswunder. Und weil der Fußballsport zunächst ein probates Mittel war, die kalten Winter und die kargen

Mahlzeiten für einen Moment zu vergessen und später ein dankbares Betätigungsfeld für wohlhabende Industrielle, war es nur folgerichtig, dass sich manche dieser erfolgreichen Unternehmer auch dort engagierten. Das verlief nicht immer alles ganz geräuschlos, aber es war auch nicht das Schlechteste, was dem Fußball passieren konnte.

Nehmen wir nur mal das Beispiel Wilhelm Neudecker. Der gebürtige Straubinger wusste genau, wie hart und anstrengend eine ehrliche handwerkliche Arbeit sein konnte. Schon im Knabenalter lernte er Maurer und arbeitete als Lehrling zehn Stunden täglich auf Niederbayerns Baustellen. Er überstand den Krieg und formte danach aus einem Einmannbetrieb einen stattlichen Baukonzern mit zweistelligen Millionenumsätzen. Als er 1962 zum Präsidenten des FC Bayern München gewählt wurde, sahen viele in ihm nur eine Übergangslösung. Doch Neudecker blieb. Er erkannte das Talent von Gerd Müller oder Franz Beckenbauer und setzte durch, dass diese mit der ersten Mannschaft trainieren durften. Er ließ auf der alten Bezirkssportanlage in der Säbener Straße, wo sich die Profis seit 1949 in einer alten Holzhütte umziehen mussten, das modernste Vereinsgelände Europas mitsamt einer Geschäftsstelle errichten, die in Größe und Infrastruktur ihresgleichen suchte. Er installierte mit Robert Schwan den ersten Manager der Liga und erfand das Prinzip der leistungsbezogenen Verträge, die ein niedrigeres Grundgehalt vorsahen, dafür aber die Auszahlung üppiger Prämien im Erfolgsfall.

»Nur wer verantwortungsbewusst von morgens bis abends das Schicksal eines Vereins steuert, kann mit dem Erfolg seiner Bemühungen rechnen«, schrieb Wilhelm Neudecker selbst einmal in einem Beitrag für den »Bayernkurier«, dessen Herausgeber Franz Josef Strauß sein Freund war. Und so war es vermutlich kein Zufall, dass die Bayern in seiner 17 Jahre währenden Amtszeit insgesamt 13 Titel holten. Selbst zum Ende bewies er Rückgrat. Neudecker hatte Trainer Pál Csernai nach dürftigen Auftritten wie dem blamablen 0:4 zu Hause gegen Arminia Bielefeld ein Ultimatum gestellt und bereits öffentlichkeitswirksam mit der Verpflichtung Max Merkels gedroht – jenem Übungsleiter, der den Lokalrivalen 1860 einige Jahre zuvor zum Überraschungsmeister gemacht hatte und von sich selbst behauptete, lieber mit einer Peitsche statt mit einem Sack Bälle zur Arbeit zu kommen. Nach einem 0:0 bei Eintracht Braunschweig kündigte die Mannschaft um Kapitän Sepp Maier jedoch an, im Falle einer Verpflichtung Merkels auf absehbare Zeit dem Training fernzubleiben – was eine nie da gewesene Ungeheuerlichkeit darstellte. Am folgenden Montagmorgen, an dem es zur Aussprache zwischen Spielern und Präsident kommen sollte, trat der enttäuschte Boss vor sein Team.

»Mit einem solchen Kapitän und dieser Mannschaft kann ich nicht weiter zusammenarbeiten«, sagte Neudecker ruhig und mit ernster Miene. Doch er schmiss nicht etwa Pál Csernai oder Sepp Maier raus, wie es eigentlich den damaligen Gesetzen der Branche entsprochen hätte. Stattdessen ging er selbst.

»Ich wünsche Ihnen und Ihren Familien alles Gute. Auf Wiedersehen!«, verkündete er noch, und das war's. Damit endete eine Ära, ohne die der FC Bayern nicht das geworden wäre, was er heute ist, und selbst mit seinem Abgang bescherte er dem Verein – wenn auch unbewusst – eine weitere, äußerst erfolgreiche Zeit mit zwei Meisterschaften 1980 und 1981 unter dem von ihm schon so gut wie entlassenen Csernai als Coach und dem neuen Präsidenten Willi O. Hoffmann alias »Champagner-Willi«.

Wilhelm Neudecker war, bei allen Defiziten, die dieser aufbrausende und gelegentlich selbstherrliche Mann aus einfachen Verhältnissen in sich trug, ein Musterbeispiel an Konsequenz und Integrität, das man sich heute wünschen würde, in Zeiten, in denen nicht wenige Funktionäre an ihren Posten kleben wie nasse Grashalme auf einem Lederball. In Zeiten, in denen ein Sitz in einem Aufsichts- oder Verwaltungsrat von der lokalen C-Prominenz vorwiegend deshalb angestrebt wird, weil er den Zugang zum VIP-Gebäude und einen Parkplatz direkt hinter der Haupttribüne beinhaltet. Und in Zeiten, in denen sich andererseits selbst langjährige Führungspersönlichkeiten munter in das bisher nur den Spielern und Trainern vorbehaltene Bäumchen-wechsel-dich-Spiel einreihen, das auch so schon schlimm genug war. So brachte es selbst ein so geradliniger Entscheidungsträger wie Heribert Bruchhagen ohne spürbare Selbstverleugnung und drei Jahre nach Erreichen des gesetzlichen Rentenalters fertig, nach fast dreizehn Jahren in leitender Funktion bei der Frankfurter Eintracht nur dreieinhalb Monate später als Vorstand beim Hamburger SV anzuheuern – als wechsle er nur den Firmenwagen und nicht die Lebensaufgabe. Dass Bruchhagen beim HSV krachend scheiterte, ist aus diesem Blickwinkel nur gerecht. Wenn aber selbst auf dieser obersten Ebene die blanke Austauschbarkeit obsiegt, ist ein Fußballklub endgültig nichts anderes mehr als irgendein Konzern, dessen Spitzenpersonal je nach Umsatzrendite ausgetauscht wird.

Unvorstellbar, dass Neudecker und Roth und die anderen Patriarchen irgendwann irgendwo anders Präsident geworden wären – wie um alles in der Welt hätte das denn funktionieren sollen, wenn man schon so viel Herzblut und Leidenschaft und manchmal auch eigenes Geld investiert hatte? Ein emeritierter Bischof schloss sich ja auch nicht der protestantischen Kirche an, nur weil man bei den Katholiken keine Verwendung mehr für ihn hatte. So oder so ähnlich sahen das wohl all die verdienten Männer, die für viele Jahre an der Spitze ihres Vereines standen und diesem dabei zumeist ihren unverwechselbaren Stempel aufdrückten, weil sie hundertprozentig davon überzeugt waren, das Richtige zu tun – und nicht, weil sie darin nur einen Job sahen, den man zur Not auch andernorts ausüben konnte.

In diesem Zusammenhang darf man auch Klaus Steilmann nicht vergessen. Der gebürtige Mecklenburger absolvierte in seiner Jugend eine Ausbildung beim Textilunternehmen Brenninkmeijer und lernte dort schnell, die Mechanismen der Branche zu verinnerlichen. In der Folge baute er binnen dreier Jahrzehnte ein eigenes Imperium mit 18 000 Beschäftigten und 1,5 Milliarden Mark Umsatz auf. Zu Beginn der 1960er-Jahre verschlug es ihn ausgerechnet nach

158 | EIN SPIEL DAUERT 90 MILLIONEN

Bochum. Dort gab es – natürlich – den VfL mit seiner über einhundertjährigen Geschichte sowie in der Nachbarschaft die großen und publikumsträchtigen Rivalen Schalke und Dortmund. Selbst ein paar Kilometer weiter westlich fanden sich noch klangvolle Adressen wie Rot-Weiß Essen oder der Meidericher SV. Überall dort hätte Steilmann sich einkaufen können mit seinen sich mehrenden Millionen, und er wäre mit ziemlicher Sicherheit herzlich willkommen geheißen worden – aber er wollte nicht. Stattdessen suchte er sich auf den Vorschlag seines engen Mitarbeiters Arkadius Peter hin einen Klub aus, der aus dem Stadtteil stammte, in dem auch sein neuer Firmensitz angesiedelt war, und der selbst für Bochumer Verhältnisse sehr wenig Glanz versprühte: die SG Wattenscheid 09.

Als Steilmann Anfang der 1960er begann, die Geschicke dieses Vereins an sich zu ziehen, spielte dieser noch vor ein paar Dutzend Unentwegten in der Verbandsliga. Niemand auf der baufälligen Tribüne des kleinen Stadions an der Lohrheide, in das man notgedrungen zur Untermiete eingezogen war, hätte sich je vorstellen können, dass hier eines Tages Bayern München oder Borussia Mönchengladbach als ebenbürtige Gegner auflaufen würden. Aber der Bekleidungsunternehmer war beharrlich und trotzte jedem noch so frustrierenden Rückschlag. Manchmal hatte Steilmann dabei Glück – wie in jenem Jahr, in dem Wattenscheid nur deshalb die Drittklassigkeit erhielt, weil Schalke 04 aufgrund des Lizenzentzugs von Hertha BSC in der Bundesliga bleiben durfte, weshalb der STV Horst-Emscher in der zweitrangigen Regionalliga verblieb, in die auch der VfL Bochum per Münzwurf zuungunsten von Erkenschwick aufgestiegen war, was letztlich der SGW zugutekam. 1988, nach einer langen Saison mit 38 Spielen, verhinderte hingegen allein die um zwei Treffer schlechtere Tordifferenz gegenüber Darmstadt, dass man in die Relegation zur Bundesliga einziehen durfte. Es war alles in allem eine sehr mühsame Angelegenheit.

Dann, fast drei Jahrzehnte nach Klaus Steilmanns Einstieg bei der Sportgemeinschaft und fünf Jahre nach der Verleihung des Bundes-

WEIL DIETMAR HOPP KEINEN TRAINER IN DER HALBZEIT ENTLASSEN WÜRDE | 159

verdienstkreuzes aufgrund seiner Verdienste für die Region, war es endlich so weit: 1990 erreichte die SG Wattenscheid 09 unter dem jungen Trainer Hannes Bongartz tatsächlich die Erste Liga. Steilmann hatte mit viel Geduld, Langmut und Durchhaltevermögen geschafft, was ihm und seinem Klub niemals einer zugetraut hatte: Man gehörte nun zu den Großen und freute sich daran, dass Uli Hoeneß aufgrund der geringen Strahlkraft der Bochumer Vorstädter bereits den Untergang der Bundesliga beschwor. Wie wir heute wissen, blieb dieser aus.

Auch in Köln wirkte jahrzehntelang ein Mann, der den eingefahrenen Gesetzmäßigkeiten des Profifußballs trotzte und sich eines Vereins annahm, der sein Dasein im Schatten der weitaus beliebteren Konkurrenz fristete: Hans Löring war ein ebenso so reicher wie rechtschaffener Unternehmer, der sich vom Elektrikergehilfen bis zum alleinigen Eigentümer eines Geflechts aus neun erfolgreichen Firmen hochgearbeitet hatte. 1967 stieg er beim SC Fortuna ein, der zwanzig Jahre zuvor und ein paar Tage nach dem 1. FC gegründet worden war – als Versuch, aus einzelnen Stadtteilmannschaften ein Gesamtkölner Team zu bilden, was aber im Gegensatz zum ungleich erfolgreicheren FC nicht gelang. Doch Löring, der von Freunden und Feinden ausschließlich mit Jean – der französischen Form seines Vornamens – angesprochen werden wollte, opferte Unmengen an Zeit, Geld und Energie, um die kleine Fortuna Stück für Stück voranzubringen. Zunächst übernahm er das Training der ersten Herrenmannschaft und dann die Geschicke des ganzen Klubs. Er ließ Fußballplätze auf Trümmerwüsten anlegen und verpflichtete Spieler, die er mit Verträgen aus seinen Betrieben ausstattete. Nach sechs Jahren erreichte Lörings »Vereinche« mehr oder minder zufällig die erste Bundesliga und feierte danach zwei Tage Karneval in der Südstadt. Dass das Abenteuer nach nur einer Saison wieder beendet war, störte den Präsidenten nicht. Stattdessen etablierte er Fortuna Köln für die folgenden Jahrzehnte in der zweiten Liga und fand dort genau die Nische, die er gesucht hatte. Nur dass das Pokalfinale 1983 ausgerechnet gegen den Stadtrivalen verloren wurde, zehrte an den Nerven des »Schäng«.

Ohnehin hatte dieser hin und wieder etwas eigensinnige Anwandlungen. So entging er einmal zur Weihnachtszeit einem Stadionverbot, das ihm aufgrund einer unflätigen Schiedsrichterbeleidigung auferlegt worden war, indem er das entsprechende Spiel unerkannt im Nikolauskostüm verfolgte. Am 15. Dezember 1999 entließ er seinen Trainer, den ehemaligen Nationaltorhüter Toni Schumacher, was angesichts des damaligen 16. Tabellenplatzes der Fortuna nicht weiter erwähnenswert gewesen wäre. Kurios war indes der Zeitpunkt: Mitten in der Halbzeitpause des Spiels gegen Waldhof Mannheim eilte Löring beim Stand von 0:2 in die Kabine und teilte Schumacher vor versammelter Mannschaft mit, dass seine Tätigkeit mit sofortiger Wirkung beendet sei. Jedenfalls ließen sich seine Worte so interpretieren: »Hau ab in die Eifel«, soll der wütende Präsident damals zu Schumacher gesagt haben – und setzte sich in der zweiten Hälfte mal wieder selbst auf die Bank, während der konsternierte Schumacher dann tatsächlich auf dem Weg nach Hause war. Das Spiel wurde am Ende sogar mit 1:5 verloren, aber der hemdsärmelige Jean Löring ging durch diese einzigartige Aktion für immer in die Annalen des deutschen Fußballs ein und schaffte es trotz seiner Ausbrüche, dass die meisten Weggefährten nur gut über ihn sprachen.

»Bevor ich nach Köln ging, hat man mich vor ihm gewarnt, aber er war einer der nettesten Menschen, die ich im Fußballgeschäft kennengelernt habe«, gab etwa Schumachers Amtsvorgänger Hans Krankl noch viele Jahre später zu Protokoll. »Ein wirklicher Patriarch, aber im positiven Sinne. Der war für alle da, sogar für die Kinder der Spieler. Er war wie ein Großvater.« Ex-Profi Hans Sarpei erinnerte sich daran, eine wichtige Vereinbarung mit Löring nicht auf dem offiziellen Briefpapier der Fortuna, sondern auf einem Bierdeckel unterschrieben zu haben. Was waren das für Zeiten, als so etwas noch möglich war – und man sich blind darauf verlassen konnte, dass derlei Zusagen auch wirklich eingehalten wurden!

WEIL DIETMAR HOPP KEINEN TRAINER IN DER HALBZEIT ENTLASSEN WÜRDE | 161

Ein Mann, dessen Handschlag eine größere Rechtswirksamkeit besaß als jedes Vertragskonstrukt, war auch Achim Stocker. Als er am 1. November 2009 an den Folgen eines Herzinfarktes starb, war er der dienstälteste Präsident im deutschen Fußball – und der einzige, der in der Bundesliga keinen Trainer entlassen hatte. Nach Freiburg kam der gebürtige Konstanzer in jungen Jahren eigentlich nur, um dort Jura studieren zu können. Doch er blieb nach dem Studium in der Stadt, spielte nebenbei Fußball beim kleinen Sportclub in der Amateurliga Südbaden und ließ sich 1970 überreden, dritter Vorsitzender des bis dahin mäßig erfolgreichen SC Freiburg zu werden, der stets zurückstecken musste gegenüber dem deutlich traditionsreicheren Freiburger FC, der in den Anfangstagen des Fußballsports in Deutschland sogar mal Meister geworden war. Stocker, der inzwischen bei der Oberfinanzdirektion arbeitete, machte seine Sache im obersten Gremium so gut, dass ihn Präsident Helmut Köbele bei der Jahreshauptversammlung zwei Jahre später als Nachfolger vorschlug – obwohl Stocker an diesem Abend gar nicht anwesend war. Gewählt wurde der Vorgeschlagene trotzdem und blieb siebenunddreißig Jahre im Amt.

In dieser Zeit formte er behutsam und mit Augenmaß aus einem überregional unbeachteten Provinzverein einen Vorzeigeklub, der viel Wert auf Ausbildung, Charakter und Herkunft seiner Spieler legte und dessen Geschäftspraktiken als über die Maßen verlässlich und beständig angesehen wurden. 1991 holte Achim Stocker einen bis dato unbekannten Studienrat und Leutnant der Reserve namens Volker Finke aus Norderstedt hinunter in den Breisgau – und mit ihm den sportlichen Erfolg, der schon zwei Jahre später im ersten Aufstieg in die Bundesliga einen Höhepunkt erfuhr. Schier unglaubliche sechzehn Jahre dauerte die Zusammenarbeit der beiden, und Finkes Abschied im Jahr 2007 war keine stillose Entlassung, wie sie heute ein gutes Dutzend Mal pro Saison nüchtern und per dreizeiliger Mitteilung auf Twitter oder Facebook vollzogen wird, oftmals bevor der betroffene Trainer überhaupt selbst Bescheid weiß. Vielmehr handelte es sich um eine im wahrsten Sinne des Wortes einvernehmliche

162 | EIN SPIEL DAUERT 90 MILLIONEN

Trennung nach vielen langen Gesprächen unter echten Freunden, mit ein paar Flaschen Wein, Gelächter und ein paar Tränen.

Stockers Herangehensweise war, junge und ehrgeizige Talente für den SC Freiburg zu begeistern, damit sie sich im Idealfall ebenso sehr mit diesem identifizierten wie er selbst. Es war die herrlich altmodische Idee des erdverbundenen Fußballs der 1950er- und frühen 1960er-Jahre, die dieser Präsident mit aller Kraft in die Neuzeit zu retten versuchte, und es ist ein Jammer, dass er dabei nicht mehr Nachahmer fand. Achim Stockers Verbindung zu seinem Verein war so groß, dass er sich in späteren Jahren aufgrund zunehmender gesundheitlicher Probleme nicht mehr ins Dreisamstadion zu kommen traute, aus schierer Angst vor einer Herzattacke. Stattdessen ging er während der Heimspiele im nahen Wald spazieren und schaute sich das Endergebnis danach kurz und schmerzlos zu Hause im Videotext an. Es ist nicht zu hoch gegriffen, wenn man behauptet, dass ein derart uneitler und menschlicher Vereinschef heutzutage im knallharten Business Bundesliga kaum mehr bestehen kann.

Dabei ist es ja keineswegs so, dass es gar keine autokratischen Potentaten mehr gibt: Auch ein Martin Kind befindet sich seit vielen Jahren mehr oder weniger uneingeschränkt bei Hannover 96 in der Verantwortung, und die Herren Dietrich Mateschitz (RB Leipzig) und Dietmar Hopp (TSG 1899 Hoffenheim) haben zweifelsohne ebenfalls eine Menge Geld in ihre Vereine gesteckt und richten gefällig über die dort verantwortlichen Personen. Trotzdem existiert ein gewaltiger Unterschied zwischen den Fußballbossen von heute und den Patriarchen von einst, wie es Neudecker und Roth, Steilmann und Löring, aber auch Bochums Werner Altegoer, St. Paulis Heinz Weisener oder Karlsruhes Roland Schmider waren, und die mit Achim Stocker wohl endgültig ausgestorben sind. Inzwischen herrscht eine ganz andere Philosophie auf der Führungsebene. Der Fußball im Allgemeinen beziehungsweise der jeweilige Klub im Besonderen ist keine Herzensangelegenheit mehr, die im Extremfall sogar die eigene Gesundheit

WEIL DIETMAR HOPP KEINEN TRAINER IN DER HALBZEIT ENTLASSEN WÜRDE | 163

zu ruinieren vermag. Vielmehr scheint es um ein »Projekt« zu gehen, in das man investiert wie in einen Aktienfonds und mit dem man im Idealfall viel Geld verdienen kann.

Man braucht sich dazu nur die Geschichte des von Dietrich Mateschitz 2009 als Gesellschaft mit beschränkter Haftung gegründeten RB Leipzig anzuschauen: Im Vergleich zu Wattenscheid, Fortuna Köln oder dem SC Freiburg besaß der »Verein« keinerlei eigene Historie. Als von Agenturen erdachtes Marketingkonzept kaufte man einfach die Spielberechtigung eines anderen Klubs auf, um zunächst an dessen Stelle in der vierten Liga antreten zu dürfen. Niemand würde einem solchem »Projekt« über dreißig Jahre Zeit geben, um ans ersehnte Ziel zu gelangen: Eine derartige Spanne erscheint geradezu absurd angesichts des massiven Erfolgsdrucks, der beim ostdeutschen Ableger der Sportsparte des Energydrink-Giganten von Anfang an aufgebaut wurde. So kostete der objektiv besehen beachtliche, für Mateschitz jedoch völlig wertlose Regionalliga-Tabellenplatz vier den Trainer Thomas Oral seine Anstellung. Ein Jahr später musste der Nachfolger Peter Pacult seinen Hut nehmen, obwohl er Platz drei erreichte. Erst mit Alexander Zorniger als drittem Trainer in zweieinhalb Jahren gelang endlich der geforderte Sprung in die nächsthöhere Spielklasse. Zorniger schaffte in der dritten Liga sogar den Durchmarsch in die zweite Bundesliga, und dennoch wurde er nach der Winterpause von seinen Aufgaben entbunden, weil absehbar war, dass RB im allerersten Zweitligajahr nicht gleich auch noch in die Erste Liga aufsteigen konnte. Mit der angenehmen Beharrlichkeit, wie sie Klaus Steilmann, Jean Löring oder Achim Stocker bei der nachhaltigen Unterstützung ihrer Klubs vorlebten, hatte das alles nichts mehr zu tun. Es war blanke Ungeduld angesichts eines enormen Investments.

Selbst der durchaus traditionsbehaftete Standort Leipzig – immerhin errang der VfB anno 1903 die erste Deutsche Meisterschaft und zählte der 1. FC Lokomotive mit 4 FDGB-Pokaltiteln und 77 Europacupspielen zu den erfolgreichsten Mannschaften der DDR – entsprang allein kühler Berechnung. Zuvor hatte Mateschitz auf der Su-

164 | EIN SPIEL DAUERT 90 MILLIONEN

che nach einer deutschen Filiale seiner ursprünglich am Firmensitz in Salzburg beheimateten Fußballsparte bereits beim FC St. Pauli, beim TSV 1860 München und bei Fortuna Düsseldorf vorgesprochen – in der Hoffnung, dass die jeweilige wirtschaftliche Not groß genug war, um den weitreichenden Plänen der Red-Bull-Manager nachzugeben: kein klassisches Sponsoring, sondern ein »Kapern« aller bisherigen Strukturen und die Übernahme der Anteilsmehrheit. Doch das Bemühen war vergeblich, also suchte man weiter. Erst in der sächsischen Großstadt, die seit der Insolvenz des ungeliebten VfB Leipzig im Jahr 2004 weitgehend von der Fußballkarte verschwunden war, schien die Willkommensbereitschaft größer.

Dietmar Hopp hat wenigstens als Jugendlicher selbst bei der TSG Hoffenheim gespielt. Aber auch er orientierte sich nicht etwa an nostalgischen Erinnerungen an die eigene sportliche Karriere. So lagerte er 2005 als Basis für den von ihm geplanten Profiverein die Fußballabteilung in die »TSG Hoffenheim Fußball-Spielbetriebs GmbH« aus. Dabei spielten streng marktwirtschaftliche Kriterien eine entscheidende Rolle: zum Beispiel die durchschnittliche Entfernung zu den nächsten Bundesligastandorten, die bestmögliche Erreichbarkeit mit dem Auto und die durch Umfragen ermittelte Akzeptanz in der Bevölkerung. Ursprünglich hätte die TSG Hoffenheim zu einem »FC Heidelberg« werden sollen, gebildet aus dem Stammverein Hopps, dem FC Astoria Walldorf und dem SV Sandhausen. Aber da machten dummerweise die Mitglieder der anderen Klubs nicht mit. So blieb für die eilig mit dem Zusatz »1899« versehene und völlig neu formierte Turn- und Sportgemeinschaft nur der Gang auf die grüne Wiese entlang der Autobahn A6 und gegenüber eines Autohofes – 4 Kilometer vom rund 3200 Einwohner zählenden Örtchen Hoffenheim entfernt und noch viel weiter weg von gewachsenen Strukturen und einer eigenen Tradition.

Nun kann man natürlich einwenden, dass der objektiv messbare Erfolg dennoch, von wenigen Ausnahmen abgesehen, vorwiegend dem

Leipziger und dem Hoffenheimer Modell recht gab. Weil beispielsweise in Wattenscheid mit dem Ausstieg des erkrankten und geschäftlich in Turbulenzen geratenen Klaus Steilmann und seines nicht zu ersetzenden Engagements Mitte der Neunzigerjahre auch der sportliche Abstieg einherging – und andere Klubs wie Fortuna Köln ebenfalls nach dem Rückzug ihres Übervaters in der Versenkung verschwanden. Man kann außerdem einwenden, dass es gut und nur sachgerecht ist, wenn wie beim Leipziger und Hoffenheimer Modell keine seltsamen Verflechtungen zwischen Vereinsoffiziellen und Kommunalpolitikern mehr existieren; wenn persönliche Animositäten eines Einzelnen nicht mehr über Wohl und Wehe eines Klubs befinden; wenn darauf verzichtet wird, dass Schmier- und Handgelder abends unter dem Tisch im Feinschmeckerlokal den Besitzer wechseln und stattdessen diverse Gremien in relevante Entscheidungen mit einbezogen werden. Andererseits: Ist der moderne Fußball dadurch wirklich sauberer und transparenter geworden? Oder hat er nicht einfach nur an Herzblut und Authentizität verloren, während es all die schmutzigen Geschäfte und verdeckten Zahlungen und gegenseitigen Abhängigkeiten auch weiterhin gibt, nur unter einem anderen Deckmantel?

So schwierig all die Patriarchen im täglichen Umgang gelegentlich auch gewesen sein mögen, auf ihr Wort konnte man sich verlassen – selbst wenn sie, wie Karl-Heinz Wildmoser vom TSV 1860, wegen Korruptionsverdachts ein paar Tage ins Gefängnis mussten. Die Patriarchen waren als Vertreter einer anderen Generation ehrlich und geradlinig, und ein Versprechen zählte mindestens genauso viel wie ein schriftlicher Vertrag. Sie steckten voller Liebe für ihren Verein und machten diese Liebe zum Prinzip ihres Handelns. Sie stellten sich nicht vor die Mikrofone und sprachen von Rückendeckung für den Trainer, wenn der Abschied längst beschlossene Sache war. Sie hatten eine klare Meinung, die sie mitteilten, auch wenn es hin und wieder beim Zuhören wehtat. Sie pfiffen, wenn es um die Belange ihres Vereines ging, häufig auf Gewinnmaximierung und bedingungsloses Pro-

166 | EIN SPIEL DAUERT 90 MILLIONEN

fitstreben und pumpten zur Not ein paar Millionen aus dem eigenen Vermögen in die leeren Kassen; an die 40 D-Mark waren es etwa bei Jean Löring, was ihn und seine Firma schlussendlich in die Insolvenz trieb, sodass er sich danach in Köln nicht mehr auf die Straße traute und eines Tages vor lauter Kummer sein Herz stehen blieb. Patriarchen wie er stellten das Wohl ihres Klubs über das eigene. Sie handelten nach ihren Prinzipien und nicht nach dem Zeitgeist.

Nach der wundersamen Entlassung von Toni Schumacher gab Löring zu Protokoll, »er als Verein« habe schließlich in dieser Situation handeln müssen. Von sich überzeugte Alphatiere wie der Kölner Mäzen zogen nicht selten sämtliche Entscheidungen an sich und bestimmten manches, auch Falsches, gegen alle Ratschläge aus dem Bauch heraus. Die Klubs gehörten ihnen deswegen noch lange nicht. Es waren Vereine, die sich lange vorher auf einer Gründungsversammlung konstituiert hatten, sich ihre Satzung selbst gaben, regelmäßig einen Vorstand bestimmten und einmal im Jahr all ihre Mitglieder einladen mussten, um diese über die momentane Situation diskutieren und das weitere Vorgehen beraten zu lassen. Oftmals endeten derartige Versammlungen in Tumulten, während derer sich die entzweiten Lager untereinander prügelten. Manche Präsidenten wurden nach ihrer Rede niedergeschrien, mit Tomaten beworfen oder unter Polizeischutz aus dem Saal geleitet, wenn die sportliche oder finanzielle Lage mal wieder besonders bedrohlich erschien. Aber jeder noch so egomanische Patriarch musste sich, so viel war sicher, den Vorgaben des deutschen Vereinsrechts zufolge diesem Prozedere stellen, ob es ihm nun passte oder nicht – weshalb der ein oder andere besonders forsche Alleinherrscher mitunter nach einer stundenlangen Kontroverse kurzerhand vom »Volk« aus dem Amt gejagt wurde.

Unter Umständen ist irgendwann jedoch eine solch wichtige Mitbestimmung gar nicht mehr möglich. Gegenwärtig müssen sich potenzielle Investoren nach der so genannten 50 + 1-Regel richten, die einst in Paragraph 16c der DFB-Statuten niedergeschrieben und kürz-

WEIL DIETMAR HOPP KEINEN TRAINER IN DER HALBZEIT ENTLASSEN WÜRDE | 167

lich nach einem so erstaunlichen wie tapferen Vorstoß von St. Paulis Geschäftsführer Andreas Rettig noch einmal manifestiert wurde. Vereinfacht gesprochen besagt diese, dass es Anlegern nicht erlaubt ist, die Mehrheit in einem Fußballklub beziehungsweise der Gesellschaft, die für den Ligabetrieb eines Profivereins gegründet wurde, zu übernehmen. Zwar wurden für Bayer Leverkusen, den VfL Wolfsburg, die TSG Hoffenheim und für RB Leipzig großzügige Ausnahmen von der strengen Vorgabe gemacht. Alle genannten Klubs hatten Tatsachen geschaffen, bevor man dagegen aufbegehren konnte. Generell gilt jedoch immer noch der Grundsatz, wonach der »Mutterverein« 50 Prozent der Anteile plus eine Stimme an der Kapitalgesellschaft behalten muss. Sonst gibt es keine Lizenz.

An diversen gruselig anmutenden Beispielen aus anderen Ländern lässt sich ermessen, welche Auswüchse die Aufweichung oder gar Auflösung dieses ehernen Prinzips mit sich bringt. Längst sind selbst mehr als 100 Jahre alte Traditionsvereine zum Spielball geltungssüchtiger Multimilliardäre geworden. Der FC Chelsea wird bereits seit 2003 vom russischen Oligarchen Roman Abramowitsch regiert – und befindet sich damit am längsten in den Fängen eines einzelnen Finanzdiktators, ohne dessen Mittel nicht einmal der Flug zum nächsten Auswärtsspiel mehr bezahlt werden könnte. Manchester United wird von den vier Kindern des verstorbenen amerikanischen Mehrheitseigners Malcolm Glazer geführt. Tottenham Hotspur befindet sich im Besitz des britischen Finanzspekulanten Joe Lewis. Arsenal London gehört zum Imperium des US-Immobilienmagnaten Enos Kroenke. Der chinesische Investor Li Yonghong bestimmt über das Wohl des AC Mailand. Aktienmakler Peter Lim aus Singapur finanziert den FC Valencia. Scheich Abdullah bin Nasser Al Thani verfügt über 100 Prozent der Anteile am FC Malaga. Der russische Düngemittel-Mogul Dmitry Rybolovlev nennt den AS Monaco sein Eigen. Und der thailändische Duty-Free-König Vichai Srivaddhanaprabha erwarb Leicester City, dessen Anhänger seinen Nachnamen mit ziemlicher Sicherheit selbst nach dem überraschenden Gewinn der Meisterschaft, die der Unternehmer durch seine hohen Zuwendungen letztlich bezahlte, noch immer nicht buchstabieren können.

Solange alles gut geht, stellt natürlich niemand die Frage, was beispielsweise mit einem Klub wie Paris Saint-Germain passiert, wenn die Investorengruppe »Qatar Sports Investments« angesichts des anhaltenden Misserfolgs in der Champions League die Lust an ihrem Spielzeug verliert wie das Zutrauen in ein lahmes Rennpferd – und sich von heute auf morgen aus dem Verein zurückzieht, dessen Geschichte bis ins Jahr 1904 zurückreicht. Oder welche Konsequenzen dem stolzen und 1880 konstituierten Manchester City Football Club drohen, wenn die »Abu Dhabi United Group Investment & Development Limited« ihr bislang eingezahltes und für schwindelerregende Transfersummen und aberwitzige Gehälter ausgegebenes Kapital im zehnstelligen Bereich zurückerhalten möchte. Vielleicht müssen erst so stolze Vereine wie Espanyol Barcelona, der AS Rom oder Olympique Marseille für immer vor die Hunde gehen, damit wir endlich begreifen, dass die komplette Abhängigkeit von Investoren der falsche Weg ist.

Trotz des von Rettig erwirkten Beschlusses der DFL weisen die Zeichen der Zeit darauf hin, dass eines nicht mehr allzu fernen Tages auch bei uns diese Regel doch noch fallen wird – einfach weil die »Marktführer«, wie sich mächtige Vereine wie der FC Bayern mittlerweile gerne selbst bezeichnen, immer weiter darauf drängen werden. Doch nicht nur Karl-Heinz Rummenigge oder Leipzigs Oliver Mintzlaff drängen weiter auf die Aufhebung der 50+1-Klausel, die in ihren Augen nur noch größere Einnahmen verhindert. Auch Hörgerätefabrikant Martin Kind wünscht sich die vollständige Übernahme »seines« Verein Hannover 96 seit langem – wenn er auch das Possesivpronomen »sein« vermutlich etwas anders auslegen dürfte als Jean Löring und die von ihm aufgelisteten persönlichen Zuwendungen für die Niedersachsen offenbar doch nicht so groß waren wie stets behauptet. Aber bei vielen Klub-Verantwortlichen blinken eben längst nur noch Euro-, Dollar- Yen- oder Dirham-Zeichen in den Augen und verklären damit den Blick auf die Unverfälschtheit des Fußballs, die ohnehin schon furchtbar gelitten hat in den letzten Jahrzehnten.

Natürlich bin auch ich mir des emotionalen Zwiespalts für uns Fans bewusst: Vielleicht würden ja durch eine Freigabe für Investoren aller Art sogar die Chancen steigen, dass ich als leidgeprüfter Anhänger irgendwann in meinen verbleibenden Lebensjahren doch noch eine Meisterschaft meines 1. FC Nürnberg miterleben darf. Noch ist es ja eher so, dass es schon einen enormen Erfolg darstellt, wenn die Zahl der Saisonsiege die der Niederlagen übersteigt. Interessierte sich irgendein Russe, Chinese oder Araber ausgerechnet für den FCN, dann könnte sich einiges ändern. Trotzdem bin ich mir ziemlich sicher, dass ich mich nicht besonders darüber freuen könnte – allein schon deshalb, weil ich Angst vor den Konsequenzen hätte, verlöre ein Besitzer plötzlich das Interesse am Club. Den Patriarchen Michael A. Roth jedenfalls, der im Gegensatz zu Leuten wie dem 1860-Investor Hasan Ismaik den Gleichmut eines buddhistischen Mönches besaß, hat Nürnberg überlebt. Selbst wenn ich ihm in einigen schwachen Momenten nicht verziehen habe, dass er Uli Hoeneß vor nun fast 40 Jahren nicht eingestellt hat. Aber wer weiß, wofür das letztlich gut war.

DIE NACHSPIELZEIT

ODER: WEIL IN KATAR KEIN RASEN WÄCHST

Als die Meldung die Runde machte, Paris Saint-Germain würde 222 Millionen Euro für Neymar da Silva Santos Júnior an den FC Barcelona überweisen und dem Spieler einen Fünfjahresvertrag mit einem Gehalt von knapp 37 Millionen Euro im Jahr anbieten, saß ich mit meinem Vater bei einem Bier auf der Terrasse meines Elternhauses. Wir sprachen an diesem sonnigen Spätsommerabend über Gott und die Welt, über das Wetter, über Politik – und natürlich und vor allem über Fußball, wie eigentlich fast immer. Wir sprachen darüber, ob die kommende Saison für den 1. FC Nürnberg erfreulicher verlaufen würde als die abgelaufene. Und wir erinnerten uns an die Zeiten, als unser beider Verein mit 9 Meisterschaften Rekordhalter war. Nun, da der FC Bayern gerade seinen 27 Titel gewonnen hatte. Wir sprachen über den bevorstehenden Spieltag der Bundesliga und das alljährliche wilde Hin- und Herwechseln, dessen vorübergehendes Ende mal wieder nahte, weil der ominöse Transferschluss näher rückte. 25 Millionen Euro Ablöse für Niklas Süle, 25 Millionen auch für Andrey Yarmolenko, 20 für Kevin Kampl, 17 für Jhon Córdoba, 17 für John Anthony Brooks.

»Ich kenn' die ja nicht mal alle«, sagte mein Vater und schüttelte den Kopf. »Für mich spinnen die Vereine mittlerweile!«

Eigentlich hatte er recht. Irgendetwas war aus den Fugen geraten, so viel war auch mir klar. Nichts gegen die Herren Süle, Yarmolenko,

Kampl, Cordoba oder Brooks, aber für so viel Geld wie für einen von ihnen hätte man früher zwei Maradonas bekommen, inflationsbereinigt – da konnte doch etwas nicht mehr stimmen. In diesem Moment poppte auf meinem Smartphone die Nachricht vom bevorstehenden Rekordtransfer Neymars auf, und ich las sie meinem Vater vor. Danach sagte mein Vater noch einen Satz.

»So, ich glaube, jetzt bin ich endgültig raus.«

Dann stand er auf und ging ins Wohnzimmer, setzte sich vor den Fernseher und schaltete einen Sender ein, auf dem gerade zufällig eine Dokumentation über nachhaltige Aquakulturen in Norwegen lief. Nicht, dass sich mein Vater für die Lachsfischerei interessierte. Aber ich hatte den Eindruck, als habe ihn diese Geschichte wirklich getroffen und er müsse sich unbedingt ablenken. 222 Millionen Euro – in der Welt meines Vaters war das fast eine halbe Milliarde Mark und damit annähernd so viel wie früher, vor 30, 40 Jahren, der Jahresgewinn eines Weltkonzerns wie Mercedes-Benz. Und das für einen einzelnen Menschen, nur weil dieser das Glück hatte, dass der liebe Gott ihm die Fähigkeit verlieh, mit einem rund ein Pfund schweren Lederball von maximal 70 Zentimetern Durchmesser und einem Überdruck von etwas über einem Bar ein paar schöne Dinge anzustellen. Das kann und will mein Vater nicht mehr verstehen. Er, der zusammen mit den Schulkameraden sein Idol Max Morlock oder einen von dessen Mannschaftskollegen alle 14 Tage aufs Neue anflehte, ihm die Schuhe ins Stadion tragen zu dürfen, um die 50 Pfennig zu sparen, die der ermäßigte Eintritt kostete.

Seit unserem Gespräch über Neymar und Co. blockt mein Vater das Thema Fußball weitgehend ab, wann immer ich es anschneide. Natürlich interessiert er sich weiterhin dafür, das glaube ich zumindest, denn wenn der 1. FC Nürnberg verliert, ist seine Laune noch immer merklich schlechter als an den anderen Tagen. Andererseits fühlt er sich von dem ganzen Zirkus aber auch nicht mehr wirklich angesprochen.In seinen Augen ist der Fußball mehr und mehr zu einem weiteren Segment der gigantischen globalen Unterhaltungsindustrie geworden und unterscheidet sich nicht mehr wesentlich von einem aufwendigen Hollywoodspielfilm. »Tomb Raider« oder »X-Men« schaut er sich ja auch nicht im Kino an, stattdessen bevorzugt er die alten Heimatfilme, die das Kabelfernsehen an Sonntagnachmittagen ausstrahlt. Mit einem Heimatfilm und seiner heilen Welt aber ist der moderne Fußball ganz sicher nicht mehr vergleichbar.

Ich bin, dass muss ich zugeben, noch nicht ganz so weit. Natürlich – auch ich finde die Kluft zwischen den Summen, die in diesem Sport selbst auf unteren Ebenen bewegt werden, und dem, was ganz normale Menschen wie meine Freunde und ich verdienen, zu groß. Es ist für mich in Ordnung, wenn diese jungen Burschen reich werden – sollen sie: Sie halten dafür ihre Knochen hin und stehen Woche für Woche unter einem riesigen Leistungsdruck, dem ich bestimmt nicht standhalten möchte. Aber was zu viel ist, ist zu viel, und 20 Millionen Euro einfach nur dafür, dass Leon Goretzka einen Vertrag bei Bayern München unterschreibt, fällt selbst für mich unter die Kategorie »ungesund«.

Auch fehlt mir der Wettbewerbscharakter, wenn es in der Bundesliga nur noch darum geht, ob Bayern München nun schon vor oder erst kurz nach Ostern die nächste Meisterschaft einfährt, die wievielte auch immer. Es frustriert mich, dass mittel- bis langfristig doch immer dieselben Vereine um ihre Existenz kämpfen und dass es gallischen Fußballdörfern wie etwa Darmstadt 98 oder dem SC Paderborn selbstverständlich nicht gelang, sich dauerhaft in der millionenschweren Wolfsburg-Hoffenheim-Leverkusen-Leipzig-Liga zu etablieren. Es gibt mir zu denken, wenn ein solch stolzer Klub wie der FC Schalke 04 schmutziges Geld vom umstrittenen Pipeline-Betreiber »Nord-Stream« erhält und die Verantwortlichen daran nichts Verwerfliches finden können, weil Geld nicht stinkt.

Ich finde es sehr schade, dass klangvolle Namen wie Alemannia Aachen, Hessen Kassel, Rot-Weiß Essen, Waldhof Mannheim oder die Offenbacher Kickers in den Niederungen der Regionalligen verschwunden sind und vermutlich nie wieder im Konzert der Großen

174 | EIN SPIEL DAUERT 90 MILLIONEN

mitspielen werden. Eben weil es dort unten nur noch darum geht, ohne weitere Schulden irgendwie über die Saison zu kommen und zu überleben, was bei nicht einmal 10 000 Euro an Einnahmen aus Fernsehrechten jährlich selbst für sparsame Schatzmeister kaum zu schaffen ist.

In den Wochen, in denen von Montag bis Sonntag Fußballspiele übertragen werden, vom sogenannten Topspiel der zweiten Liga über Champions und Europa League bis zum Sonntagabendspiel der Bundesliga, bleibt bei mir zu Hause immer öfter der Fernseher aus. Ich weiß manchmal schon gar nicht mehr, welche Spiele sich noch in der Gruppenphase befinden und welche schon Play-off-Charakter haben, weil einfach alles zu viel ist und mich – bei allem Respekt – Spiele von Qarabag Agdam, NK Maribor oder APOEL Nikosia einen feuchten Kehricht interessieren.

Ich fürchte mich vor dem Tag, an dem arabische Ölscheichs oder chinesische Internetmilliardäre zum Beispiel an den Flughäfen von Bremen, Köln oder Berlin landen, ein halbes Dutzend Berater im Schlepptau und mit Übernahmeplänen im Gepäck – und wenn sie dann großspurige Versprechungen machen, wie man aus Werder, dem FC oder Hertha BSC eine Weltmarke wie Manchester United entwickeln kann. Und auf eine Fußball-Weltmeisterschaft in Katar, in klimatisierten Stadien und auf Kunstrasen, kann ich mich ebenso wenig freuen, weil Katar rein gar nichts mit Fußball zu tun hat und ich mir auch kein Kamelrennen auf der Gelsenkirchener Trabrennbahn anschauen würde.

Andererseits ist es immer noch ein Vergnügen, bei den filigranen Momenten dieses wunderbaren Sports zuzusehen – einem flinken Doppelpass zwischen Kroos und Ronaldo, einem pfeilschnellen Antritt von Messi, einem kaum wahrnehmbaren Übersteiger von Sané oder einer haarsträubend riskanten Grätsche von Thiago Silva. Und die Spiele meines 1. FC Nürnberg live im Stadion möchte ich auch nicht missen, zusammen mit meinen Freunden, bei manchmal noch immer warmem Bier und kalten Bratwürsten, wenn uns allen schon nach zwei Minuten klar ist, dass diese Partie nur verloren gehen kann und dann doch kurz vor Schluss das erlösende Siegtor fällt, meinetwegen nach einem abgefälschten Schuss oder wegen eines unberechtigten Elfmeters. Ich liebe immer noch die Augenblicke, in denen erwachsene, an sich vernünftige Menschen aufspringen und sich vor Glück in den Armen liegen oder vor Wut und Schmerz hemmungslos weinen und schwören, nie mehr wiederzukommen.

Wir können nur weiter beobachten, wie sich alles entwickelt – und eines Tages unsere Schlüsse daraus ziehen. Vielleicht wende auch ich mich eines Tages ab und plane meine Wochenenden ohne 90-minütige Unterbrechung am Radio oder vor dem Fernseher oder lege unsere Familienurlaube nicht ausschließlich in Länderspielwochen und Sommer- und Winterpausen, um bloß kein Heimspiel zu verpassen. Vielleicht aber nehme ich doch irgendwann meinen Sohn an die Hand, setze ihm die selbst gestrickte Wollmütze meiner Großmutter auf und marschiere mit ihm ins Stadion, so wie es mein Vater damals mit mir gemacht hat. Denn vielleicht gibt es ja ein Wunder, und der Fußball besinnt sich zurück auf seine Wurzeln; auf das, was ihn bei unzähligen Menschen in den vergangenen 100 bis 120 Jahren so beliebt werden ließ. Denn eines ist klar: Ganz ohne uns, ohne Fans, wird es nicht gehen.

Und das ist meine große Hoffnung.